名人传

莱特兄弟
让梦想飞上天

齐飞 著　　简志刚 绘

人民文学出版社
PEOPLE'S LITERATURE PUBLISHING HOUSE

著作权合同登记：图字 01-2022-5200 号

©三民书局股份有限公司

本著作中文简体字版由三民书局股份有限公司授权上海九久读书人文化实业有限公司与人民文学出版社在中国大陆（台湾、香港、澳门地区除外）独家出版。

图书在版编目(CIP)数据

莱特兄弟：让梦想飞上天/齐飞著；简志刚绘.
—北京：人民文学出版社，2019(2024.1 重印)
（名人传）
ISBN 978-7-02-014920-9

Ⅰ.①莱… Ⅱ.①齐… ②简… Ⅲ.①莱特(Wright, Orwell 1871—1948)-传记 ②莱特(Wright, Wilbur 1867—1912)-传记 Ⅳ.①K837.126.16

中国版本图书馆 CIP 数据核字(2019)第 010482 号

责任编辑　卜艳冰　杨　芹
装帧设计　汪佳诗

出版发行　人民文学出版社
社　　址　北京市朝内大街 166 号
邮政编码　100705

印　　制　山东新华印务有限公司
经　　销　全国新华书店等

字　　数　56 千字
开　　本　890×1240 毫米　1/32
印　　张　3.625
版　　次　2019 年 4 月北京第 1 版
印　　次　2024 年 1 月第 2 次印刷

书　　号　978-7-02-014920-9
定　　价　35.00 元

如有印装质量问题，请与本社图书销售中心调换。电话：010-65233595

序

不论世界如何演变，科技如何发达，但凡养成了阅读习惯，这将是一生中享用不尽的财富。

三民书局的刘振强董事长，想必也是一位深信读书是人生最大财富的人，在读书人数往下滑落的多元化时代，他仍然坚信读书的重要性。刘董事长也时常感念，在他困苦贫穷的青少年时期，是书使他坚强向上，在社会普遍困苦、生活简陋的年代，也是书成了他最好的良伴。他希望在他的有生之年，分享这份资产，让其他读者可以充分使用。

"名人传"系列规划出版有关文学、艺术、人文、政治与科学等各行各业有贡献的人物故事，邀请各领域专业的学者、作家同心协力编写，费时多年，分梯次出版。在越来越多元化的世界中，每个人都有各自的才华与潜力，每个朝代也都有其可歌可泣的故事，但是在故事背后所具有的一个共同点，就是每个传记主人公在困苦中不屈不挠的经历，这些经历经由各位作者用心博览有关资料，再三推敲求证，再以文学之笔，写出了有趣而感人的故事。

西谚有云：世界因有各式各样不同的人群，才更加多彩多姿。这套书就是以"人"的故事为主旨，不刻意美化主人公，以他们的生活经历为主轴，深入描写他们成长的环境、家庭教育与童年生活，深入探索是什么因素造成了他们与众不同，是什么力量驱动了他们锲而不舍地前行。以日常生活中的小故事来描绘出这些人物为什么能使梦想成真，尤其在阅读这些作品时，能于心领神会中得到灵感。

和一般从外文翻译出来的伟人传记所不同的是，此套书的特色是由熟悉文学的作者用心收集资料，将知识融入有趣的故事，并以文学之笔，深入浅出写出适合大多数人阅读的人物传记。在探讨每位人物的内在心理因素之余，也希望读者从阅读中激励出个人内在的潜力和梦想。我相信每个人都会发呆做梦，当你发呆和做梦的同时，书是你最私密的好友。在阅读中，没有批判和讥讽，却可随书中的主人公海阔天空一起遨游，或狂想或计划，而成为心灵

知交。不仅留下从阅读中得到的神交良伴（一个回忆），如果能家人共读，读后一起讨论，绵绵相传，留下共同回忆，何尝不是一派幸福的场景？

  谨以此套"名人传"丛书送给所有爱读书的人们。你们都是世界上最幸福的人，因为一直有书为伴，与爱同行。

目 录

1. 人类的梦想 …………………………… 1
2. 飞行者一号 …………………………… 2
3. 试飞 …………………………………… 9
4. 基蒂霍克镇的宿舍 …………………… 13
5. 历史性的一刻 ………………………… 19
6. 梦想的种子 …………………………… 25
7. 报社与莱特自行车公司 ……………… 32
8. 飞行的前辈 …………………………… 37
9. 成功之母 ……………………………… 45
10. 秘密的实验 …………………………… 62
11. 公开展示卖飞机 ……………………… 69
12. 专利战争 ……………………………… 80
13. 与父亲的约定 ………………………… 89
14. 少了一只手 …………………………… 100
15. 结语 …………………………………… 102
　　莱特兄弟小档案 ……………………… 103

名人传

莱特兄弟

兄　威尔伯·莱特　1867—1912
弟　奥维尔·莱特　1871—1948

1. 人类的梦想

人类自古就梦想着有一天能像鸟一样在天空中飞翔，可你知道吗，飞机发展到今天，有多少人为此付出心血？

试想一下，当今体积最大、载客量最多的民航客机——A380，此刻就在你的眼前。它的高度有24.1米，大约是八层楼高；它的长度则有73米，大概是50个像你一样的小朋友头脚相接躺下的长度；它一次可以搭载555名乘客，比被称为巨无霸客机的波音747载客量多上一百多人；而在加满油的情况下可以连续飞行1.5万公里，持续飞行时间超过25小时。

它不只是外观巨大而已，还配备最先进的电脑仪器辅助飞行，以确保飞机飞行的安全。

我们之所以拥有这么先进、安全的飞机，得感谢那些为飞机的研制付出了心血的人。其中，就有一对很有名的兄弟。

2. 飞行者一号

聪明的你一定知道，那对有名的兄弟是谁。没错！就是发明第一架可载人、可操控的动力飞行器的莱特兄弟。

为什么说他们发明的是"可载人、可操控的动力飞行器"，而不说发明的是飞机？其实，说他们发明了飞机也没错，不过，这个表述能更精确地表达他们发明的飞机的特点：第一是可以载人，第二是可以操控，第三是具有动力。

1903年12月14日，美国北卡罗来纳州的基蒂霍克镇，莱特兄弟正准备测试世界上第一架有动力的飞机！

唉哟！这里的风还真大啊！放眼望去，沙滩上空无一人，正适合试飞。

正在检视那条长轨道的是哥哥威尔伯·莱特，站在飞机旁东看看、西瞧瞧的是弟弟奥维尔·莱特。他们都穿着整套的西装,还打着领带、戴着帽子呢!平常就会穿戴整齐的兄弟俩,在这重要的一刻自然更注重自己的着装。

飞机现在正停放在长轨道上,趁飞机还没起飞,我们先来看看这架飞机的架构吧!

莱特兄弟将这架飞机命名为"飞行者一号"。它是一架双翼结构、翼长 12.3 米的飞机,主体由木材[①]搭建。

在飞机最前头的是"起落滑橇",是飞机起落时的关键部位。在起落滑橇后面是升降舵,通过它来控制飞机飞行时的俯仰角度。

升降舵后方、在底层机翼中间的这个鞍座就是飞行员趴卧的地方,你可以称它为驾驶舱。飞行员利用手中的升降舵操控杆,可以控制飞机升降的角度;鞍座与机翼用钢索连接,飞行员可以靠操纵索来操控后方的方向舵。

驾驶鞍座旁是这架飞机的心脏——引擎。为了这个引擎,莱特兄弟曾写信给很多的引擎制造商,但都无法获得满意的答复——没有制造商愿意为他们打造一个拥有至少

[①] 莱特兄弟使用高强度的轻质木材云杉木来制造"飞行者一号"。

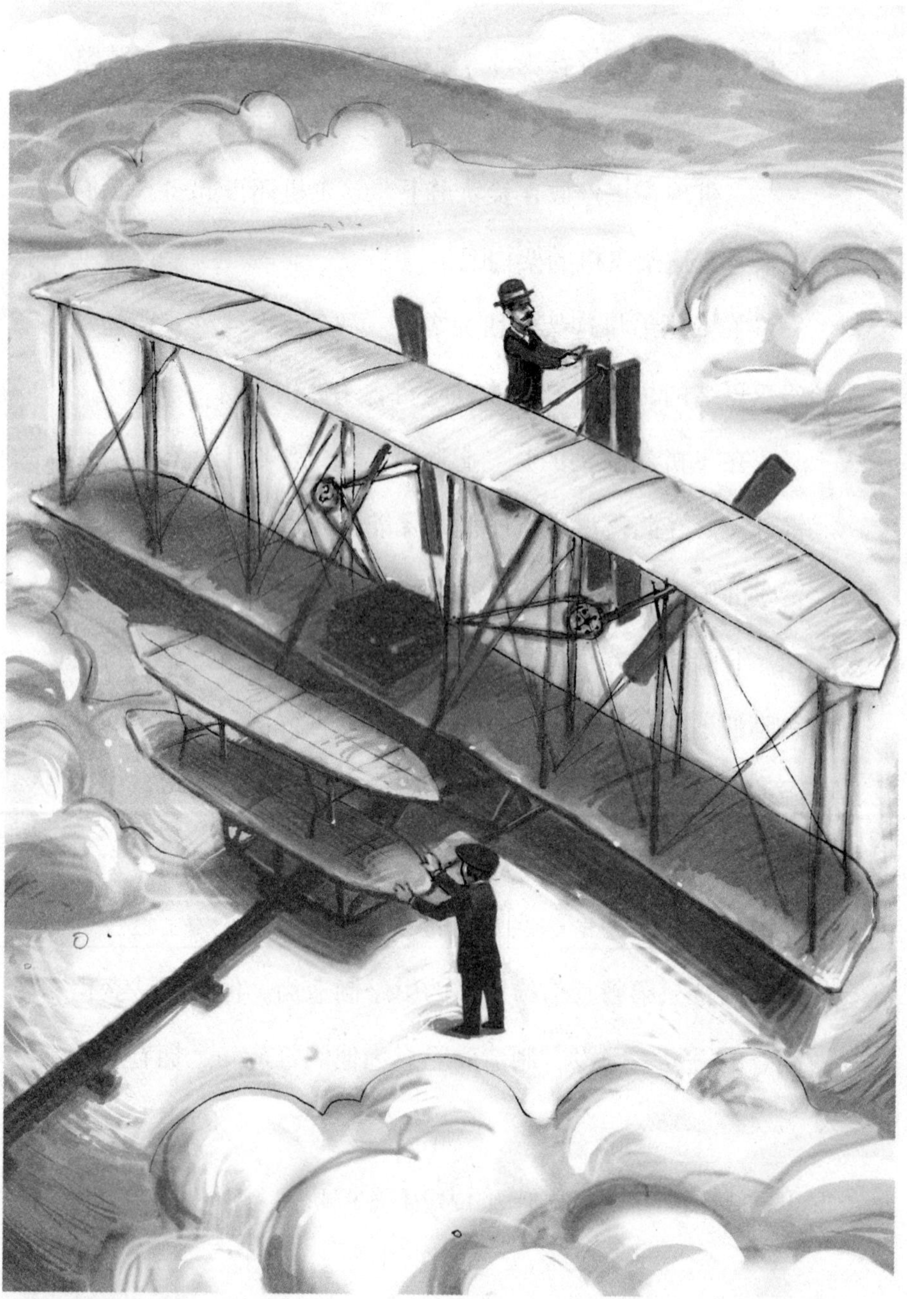

八匹马力、重量在八十千克以下的引擎。但是他们一点儿也不灰心，既然买不到，就自己动手做一个吧！于是他们与他们的机修工人一起研发，只用了六个星期的时间，就成功打造出一个具有十二匹马力、重量仅七十七千克的引擎。然后用链条连接后面的螺旋桨，启动引擎，就能带动螺旋桨运转，推动飞机向前进。

看到没，螺旋桨就是飞机后面那两个像电风扇扇叶的东西。制作这副螺旋桨可费了不少力气。莱特兄弟原本打算将船舶的螺旋桨稍加改造，变成适合飞机使用的螺旋桨，但是从来没有人做过这样的改造，而且船舶螺旋桨的制造师傅也不知道飞机的螺旋桨到底该做成什么样子。莱特兄弟只好自己摸索，经过无数次的失败与测试，终于打造出适合飞机飞行的螺旋桨。

在两个螺旋桨中间垂直安放的是方向舵，可左右摆动来控制飞机飞行的方向。

如果你注意看飞机的机翼，你会发现机翼并不是平的，而是有点向下的弧度，这就是所谓的"下反翼"，这样的设计可以提高飞机的控制性，但缺点是稳定性不太好。

从机翼的侧面看，机翼的横截面有点像水滴。但和水滴不一样的是，机翼横截面的上缘是弧形的，下缘却是平的。

想象一下，两个空气分子在比赛跑步，起点是机翼的前端，终点是机翼的尾端。其中一个空气分子必须经过机翼的上缘，另一个则经过机翼的下缘，但是这两个空气分子必须同时抵达终点。这样一来，从机翼上缘跑到机翼尾端的空气分子，所经过的距离比较长，但是又要与经机翼下缘的空气分子同时到达终点，势必得用更快的速度才行。所以当上方空气的速度比较快时，产生的压强就比较小；下方的空气速度比较慢时，产生的压强比较大。因此机翼上下缘产生了压力差，压力大的一方会向压力小的一方挤压，便产生了向上升起的力量[1]，这就是飞机能够飞

---

[1] 这就是伯努利定律，是丹尼尔·伯努利（Daniel Bernoulli, 1700—1782年）发现的。伯努利出生于荷兰，是一名数学家。他最重要的贡献是最早以数学的方式表述气体运动。他所提出的伯努利定律简单来说就是等高流动时，流体流速减少，压力会增加，这条定律对流体力学与空气动力学有重要的影响。

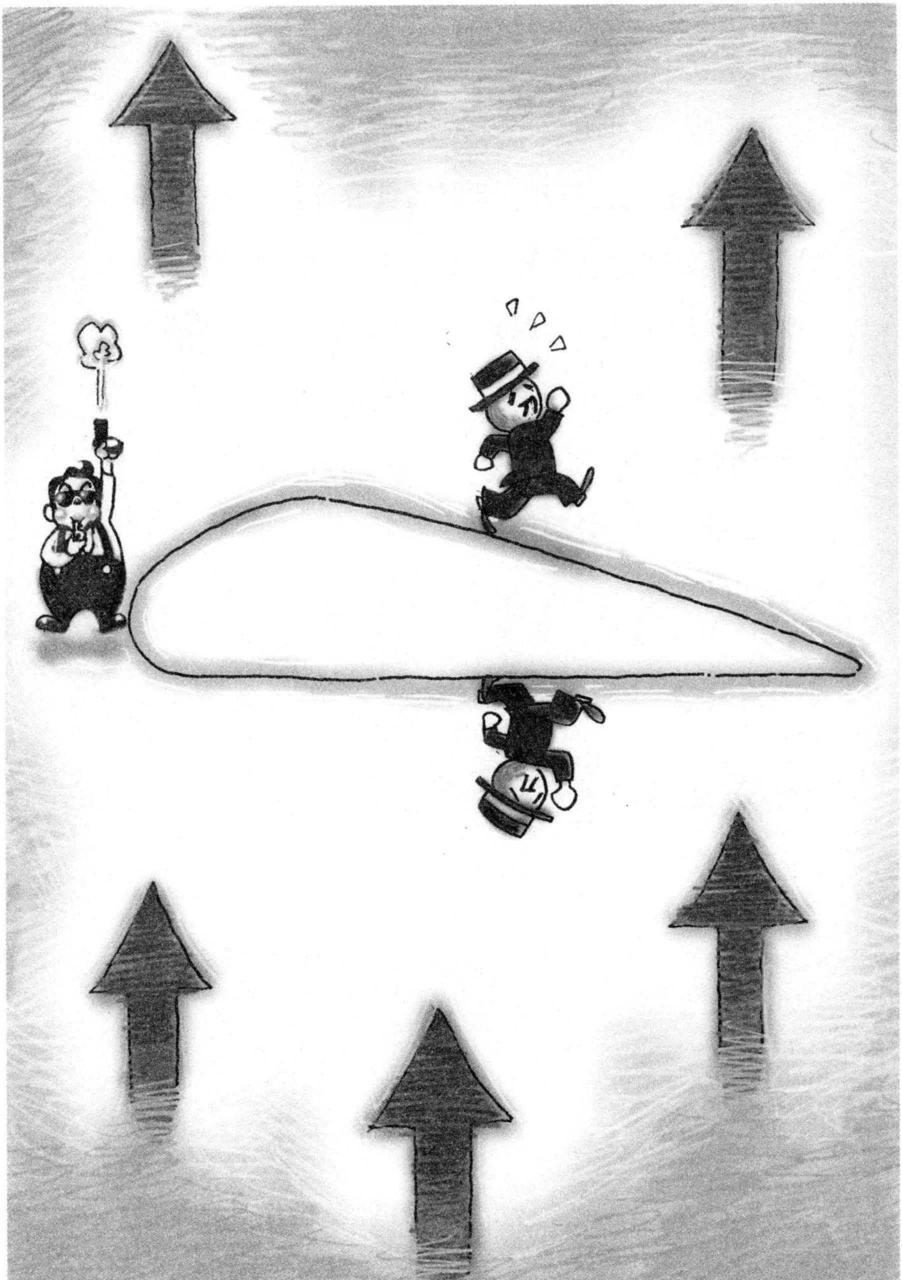

起来的关键。

起飞前,飞机必须先固定在轨道上,当引擎运转达到全速时,再将飞机松开。此时飞机沿着轨道快速向前滑行,一旦飞离地面,起落滑橇下的推车便会脱离机身,飞机便顺利起飞!而降落时,起落滑橇就成为飞机降落时与地面接触的部位。

终于介绍完飞机的构造,让我们来看看试飞现场吧!

咦?莱特兄弟吵起来了!

3. 试飞

莱特兄弟每次都会这样大声地"讨论",这回是为了谁要第一个上飞机测试而争执不下。

威尔伯从口袋里掏出一枚铜板,对奥维尔说:"我知道这次我们一定会成功。至于是谁完成这次历史性的测试,我们就丢铜板决定吧!"

奥维尔说:"好!我选字的一面。"

威尔伯轻轻将铜板往上抛,铜板在空中翻转几圈之后落下。是人头!

"太好了!"威尔伯开心地说。

奥维尔微笑着点点头,协助威尔伯在驾驶鞍座里趴卧好后,便又一次仔细检视飞机的各个部位。威尔伯手握升降舵的操控杆,试着前后移动,确定升降舵的运动无碍后,便摆动身体,测试方向舵以及机翼的运作是否

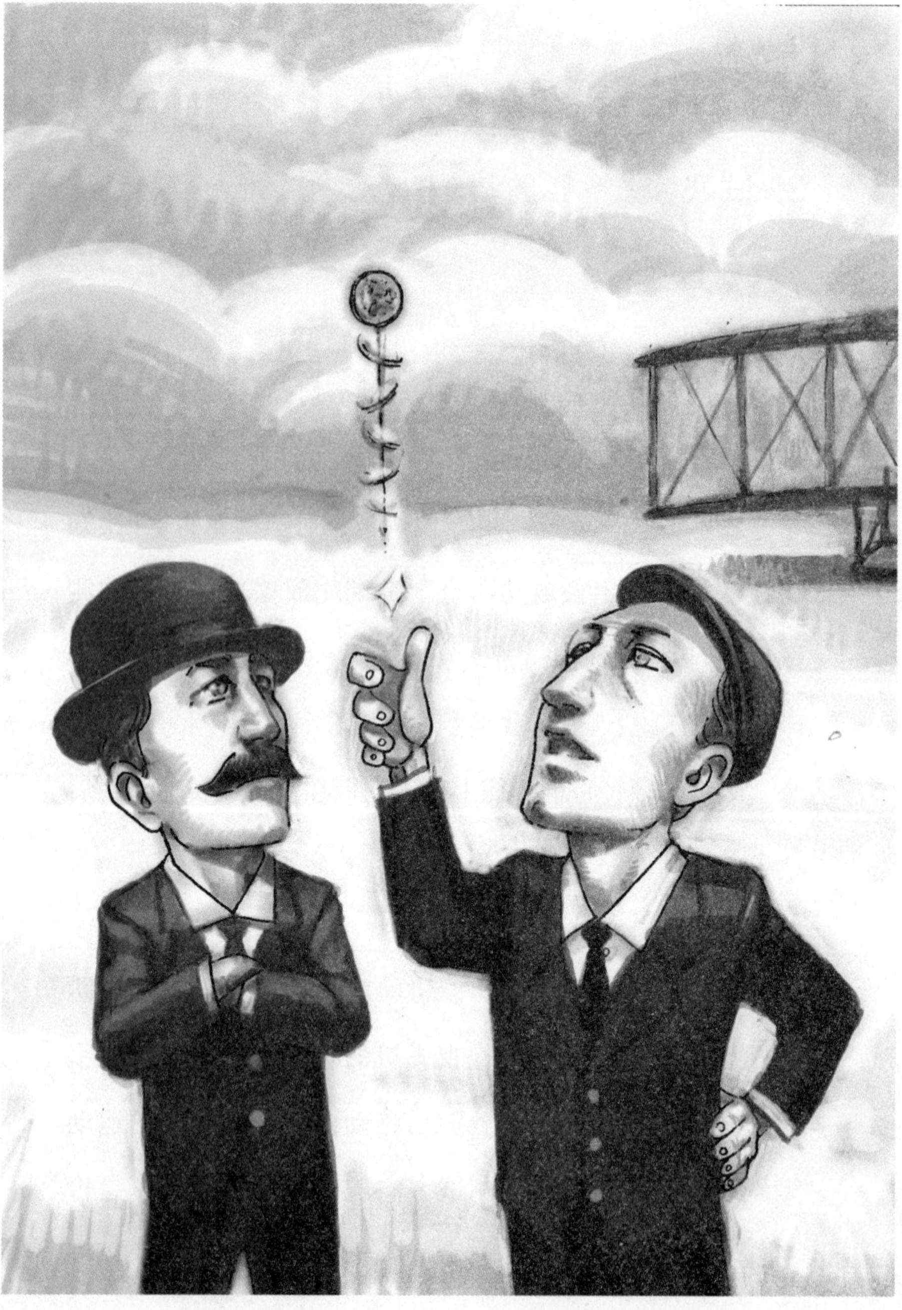

正常。

一切就绪。威尔伯发动引擎，瞬间产生轰隆巨响，等引擎达到全速时，奥维尔把飞机松开。只见飞机沿着轨道全速向前滑行，威尔伯将操控杆向后一拉，机鼻便向上抬起，飞机顺利升空了。

"成功了！成功了！"奥维尔兴奋得又叫又跳。

话音刚落，却见飞机朝下，直挺挺地栽进了沙地里。

奥维尔紧张地跑了过去，问："威尔伯，你没事吧？"

威尔伯艰难地站了起来，拍拍身上的沙子，答道："我没事，我没事。"他的脸上勉强挤出笑容，但眼底尽是沮丧。

奥维尔安慰哥哥说："没关系，只要你没受伤，咱们就能接着来。"他看了看飞行者一号，接着说："还好，飞行者一号也没有受到严重损害，只要稍加修理，要再次试飞绝对没有问题。"

威尔伯说："我们花了四年时间建造飞行者一号，一切都按照我们的设计，为什么……"

奥维尔打断威尔伯说："没关系，我们再仔细研究，看看问题出在哪儿。最重要的是你没有受伤。"

　　威尔伯打起精神说："嗯！你说得对。走吧，我们再去研究设计图，看看我们的想法到底有没有错。"不等奥维尔回答，威尔伯已经大步向前。奥维尔立刻紧紧跟上。

4. 基蒂霍克镇的宿舍

基蒂霍克镇这几天不仅寒风凛冽，风沙和虫子也很令莱特兄弟俩头痛。奥维尔曾说："我们到这里原是为了风，这下好了，我们不仅得到了风，还得到沙。"而肆虐的蚊虫，更让他们不舒服。但是，为了进行他们的飞行实验，莱特兄弟每年都要来这个鸟不生蛋的地方。

所以，他们在这里建了一个宿舍，不做实验的时候，就在这里躲躲风沙、取取暖。

一进门，是间"客厅"，墙上挂着莱特兄弟的父亲与母亲的相片。

莱特兄弟的父亲弥尔顿一心一意想当个传教牧师，后来进入印第安纳州的哈茨维尔神学院就读。就是在那里，弥尔顿遇见了后来成为他妻子的苏珊。经过一连串的追求，弥尔顿终于鼓起勇气向苏珊求婚，并希望她能随他一

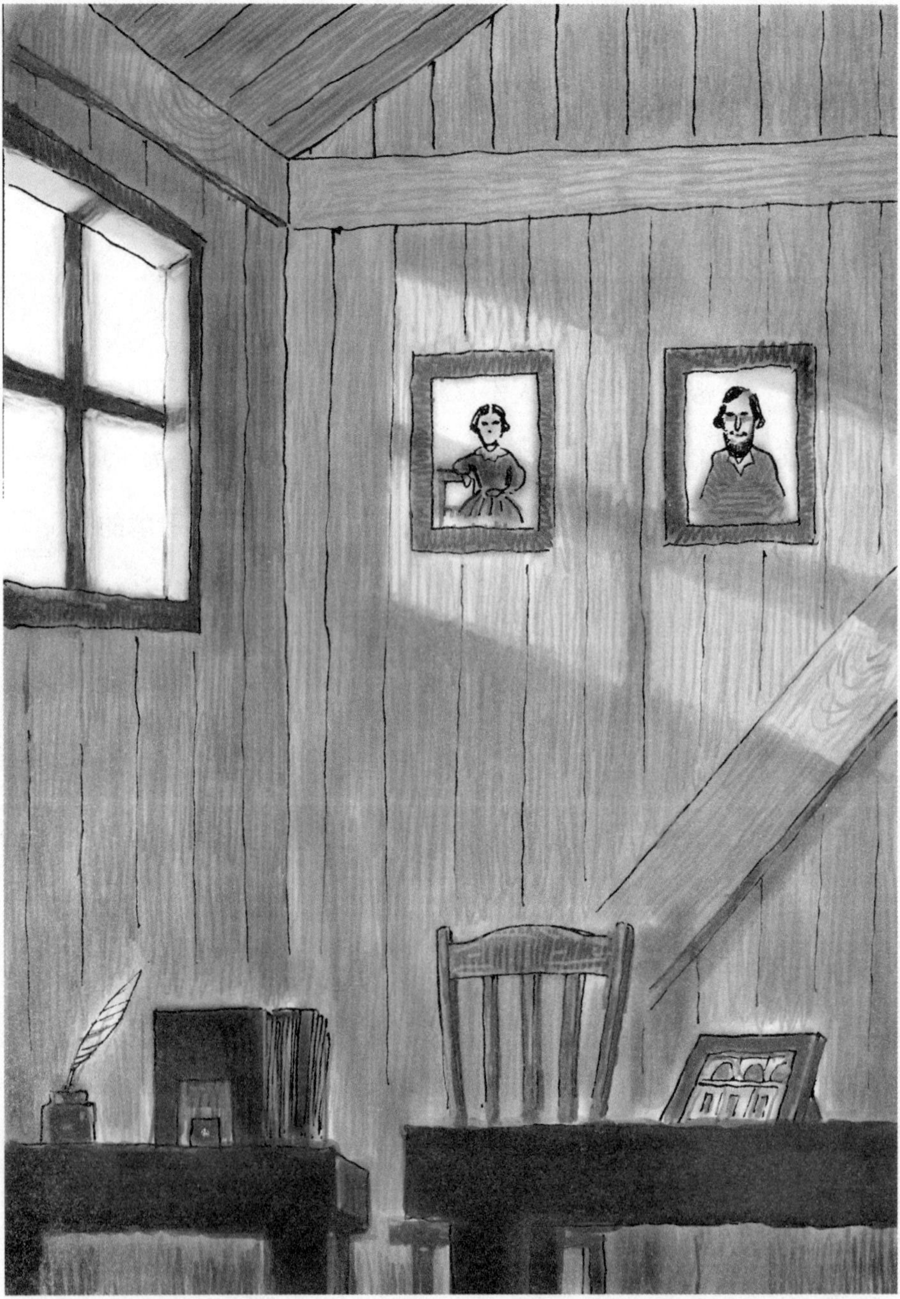

起去异地传教，苏珊虽然答应了他的求婚，却婉拒了迁移的要求，但表示会等弥尔顿回来。

毕业后，弥尔顿正式成为牧师，1851年到1852年期间在印第安纳州的波利斯（印第安纳州首府）担任教堂牧师，后来转到安德森市，再后来又转到俄勒冈州的一个小镇服务，1859年回到哈茨维尔，就是在这一年，弥尔顿和苏珊终于结婚，共组家庭。这时弥尔顿已经三十一岁，而苏珊也已经二十八岁了。

弥尔顿与苏珊两人一共生育了七个子女①，有名的莱特兄弟——威尔伯和奥维尔分别是他们第三和第六个孩子。由于弥尔顿与苏珊都喜欢阅读，因此在他们家里有两个"图书馆"，一个专门存放有关神学方面的书籍，另一个比较大，收藏了各种类别的书籍，这给莱特兄弟带来很大的影响。奥维尔回忆他的童年时，曾经说："我们真够

---

① 长子罗伊希林1861年出生于印第安纳州的费尔蒙特，次子洛林1862年出生于印第安纳州的奥兰治，三子威尔伯1867年出生于印第安纳州的米尔维尔，第四与第五个孩子奥蒂斯和艾达是对双胞胎，1870年出生于俄亥俄州的代顿，不过很快就夭折了，第六个孩子奥维尔、第七个孩子凯瑟琳分别于1871年与1874年出生于俄亥俄州的代顿。

幸运！能够在充满鼓励孩子追逐知识的环境中成长，让我们可以从事任何能够激发我们的好奇心的研究。"

婚后，弥尔顿曾在哈茨维尔神学院任教，没多久，他成为教会报纸的编辑，因此举家搬迁到俄亥俄州的代顿，此后全家几乎定居于此。后来因弥尔顿所属的教会增建教堂，曾移居到爱荷华州一段时间。

因为弥尔顿的工作需要，莱特家必须时常搬家。在1884年定居代顿之前，他们总共搬过十二次家。而且弥尔顿还必须到处传教、处理教会相关事宜，所以经常不在家，照顾家庭的重担自然就落在母亲的身上。

苏珊是一个能干、贤惠的家庭主妇，具备勤俭、精明的美德。不仅如此，她很有机械概念，喜欢动手做些小东西，她的一双巧手更是其他妇女所不及的。莱特兄弟对机械如此有兴趣，想必有一部分是遗传自母亲吧！

在莱特兄弟父母照片底下的桌子上，摆放了莱特兄弟经营的自行车店的照片。为了实现飞行的梦想，莱特兄弟靠着经营自行车店来赚取实验所需的资金，而自行车的机械原理也给莱特兄弟很多灵感。比如，飞行者一号的螺旋桨轴和自行车的骨架就很相似,而连接引擎与螺旋桨的链条,更是与自行车雷同。

客厅中间是个暖炉。因为基蒂霍克镇是个又荒芜又多风的地方,气温多半很低,为了保暖,莱特兄弟买了这个汽油炉,并将它改装成可以煮东西的炉子。

当然,爱看书的他们一定会携带书本来这儿啦!所以这儿还有个书架。此时记录人类研究飞行的书籍,已有穆亚尔写的《空中王国》、塞缪尔·兰利写的《空气动力学实验》,还有查纽特写的《飞行机器的发展》。这几本书给了莱特兄弟很多的启发。

从客厅往里面走,有个小厨房,也是食物储藏室。因为基蒂霍克镇地处偏僻,物资补给不易,因此这里储藏着莱特兄弟带来的食物。

基蒂霍克镇到底有多偏远呢?如果要从代顿到基蒂霍克镇,必须先搭火车到辛辛那提,再从辛辛那提转搭夜车到弗吉尼亚州,换成船到诺福克,再搭火车到北加州的伊丽莎白镇,转换小船才能抵达基蒂霍克镇。这样一趟就要花掉三到四天的时间呢!

屋子中间有一架梯子，通往阁楼，那是他们休息的地方。梯子后面的空间是他们的工作区，有许多轻便的木工工具，比如槌子、钻子等。通过他们的巧手，这些工具都像是有了生命一般，创造出许多不凡的成就。

工作区的墙上有一张很不起眼的牛皮纸，可别小瞧它，这可是莱特兄弟的心血结晶呢——纸上画的就是飞行者一号的草图。莱特兄弟通常不会花很多时间绘制草图，有时候甚至只画在沙地上，因为所有想法都在他们的脑袋里啦。

桌上的小本子是奥维尔的日记，他把今天试飞的情况详细地记下了。文字旁边的字条就是奥维尔发给父亲的电报："一定会成功，不要说出去。"他们对飞行的实验仍然满怀信心呢！

5. 历史性的一刻

第一次试飞失败后,兄弟俩一直在讨论些什么。

威尔伯在纸上算了又算,说:"依照计算,动力十分充足,应该不是问题。"

奥维尔也仔细研究了飞机的架构,说:"飞机的机翼、升降舵、方向舵与引擎的连接也都正常,问题到底出在哪儿?"

威尔伯想了想,然后搔搔头,有点不好意思地说:"或许是因为我的飞行经验不足,起飞的时候拉升降舵操纵杆的时间点不正确,所以才无法成功吧!"

奥维尔微笑着说:"没关系!既然我们的飞机设计没有问题,那么一定是我们的操控经验不足,只要多试几次,一定可以成功飞上天。"

他们并没有因为一次失败而灰心丧志,反而更加积极地找出问题症结。

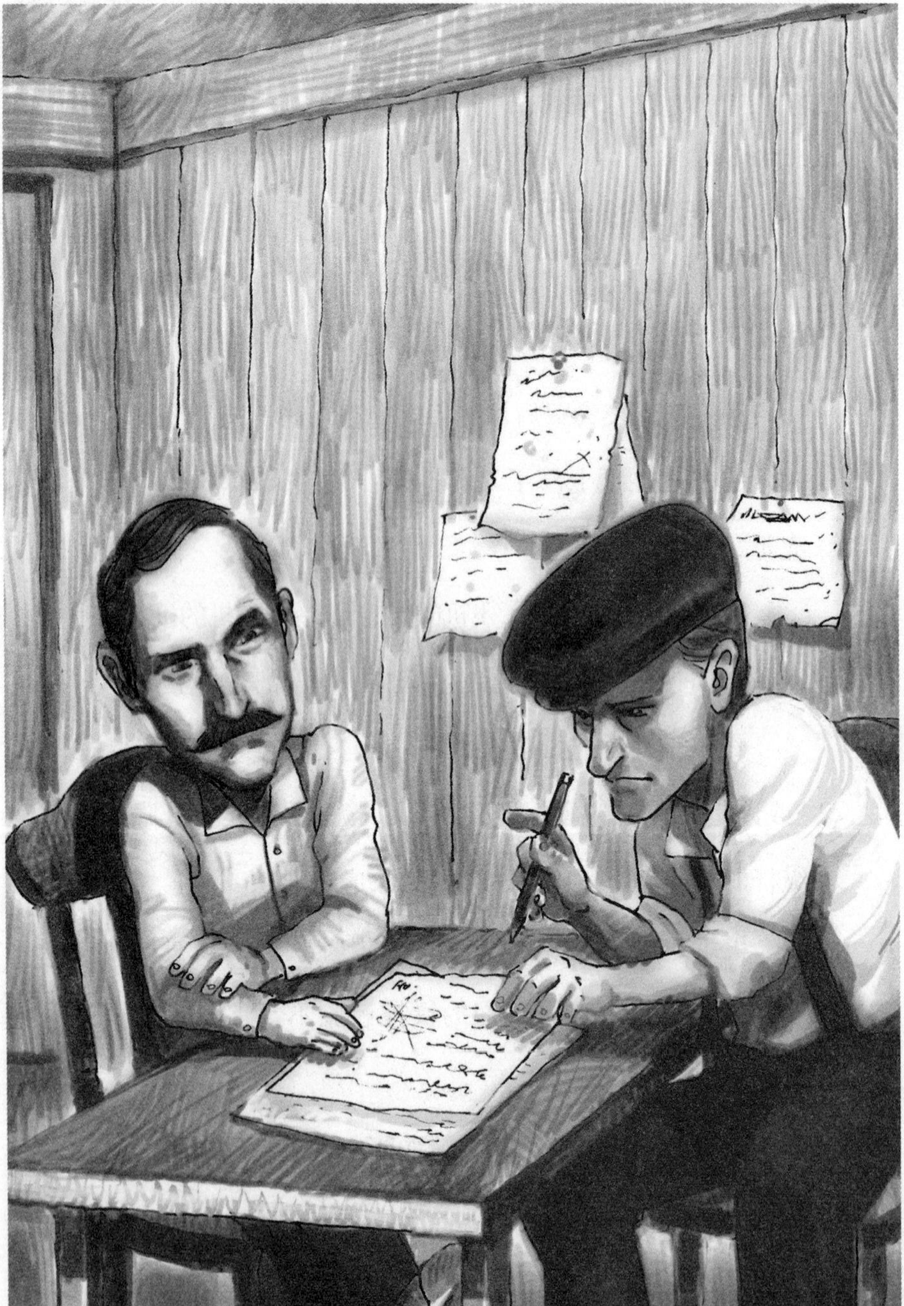

三天后，12月17日，莱特兄弟终于可以再次试飞了。这次轮到奥维尔担任驾驶。除了兄弟俩之外，这次还来了五位见证人。

和每一次的试飞一样，莱特兄弟仔细检查了机身的每一个细节，确定一切就绪后，奥维尔走向飞行者一号，突然又停了下来，转头对大家说："谢谢你们来此当我们这次飞行测试的见证人。我相信这次一定会成功！这历史性的一刻，一定要留下美丽的记录。丹尼斯，可以请你担任摄影师吗？"

丹尼斯拍着胸脯说："没问题，就交给我吧！"

丹尼斯接过照相机后，将照相机架设在轨道的斜后方，镜头对准飞机预定的起飞点。

奥维尔就位后，威尔伯微笑着对奥维尔跷起大拇指，朝上比了比。引擎发动了，发出轰轰巨响，威尔伯知道可以放手了。

于是，他双手一松，螺旋桨快速转动，掀起一阵沙尘。飞机快速前进，这时奥维尔将操纵杆向后一带，拉起升降舵，飞机起飞了！丹尼斯也在这一瞬间按下了快门，

"轰"地留下一阵白烟。

飞机迎风而起,轻盈得像只小鸟!

"成功了!成功了!"

"恭喜你们!这真是太棒了!"

飞机一会儿上、一会儿下地飞着。一、二……十一、十二。十二秒后,飞机落在离轨道尽头三十多米远的地方。

接下来,莱特兄弟又进行了两次实验,接近十二点的时候由威尔伯进行当天最后一次试飞。

飞机顺利起飞了!就像先前几次的测试一样,飞机一开始飞得很不稳,飞了将近两百米之后,似乎慢慢稳定下来,可接近三百米时,飞机又开始不稳定,没多久就掉下来了。

奥维尔跑过来拉起了威尔伯,开心地说:"真是太棒了!总共飞了五十九秒,创下纪录了!"

威尔伯也高兴地说:"我就知道我们会成功!不过……"威尔伯指了指飞机,"这次升降舵摔坏了。"

"没关系!我们仔细检查一下,看看是不是还有其他

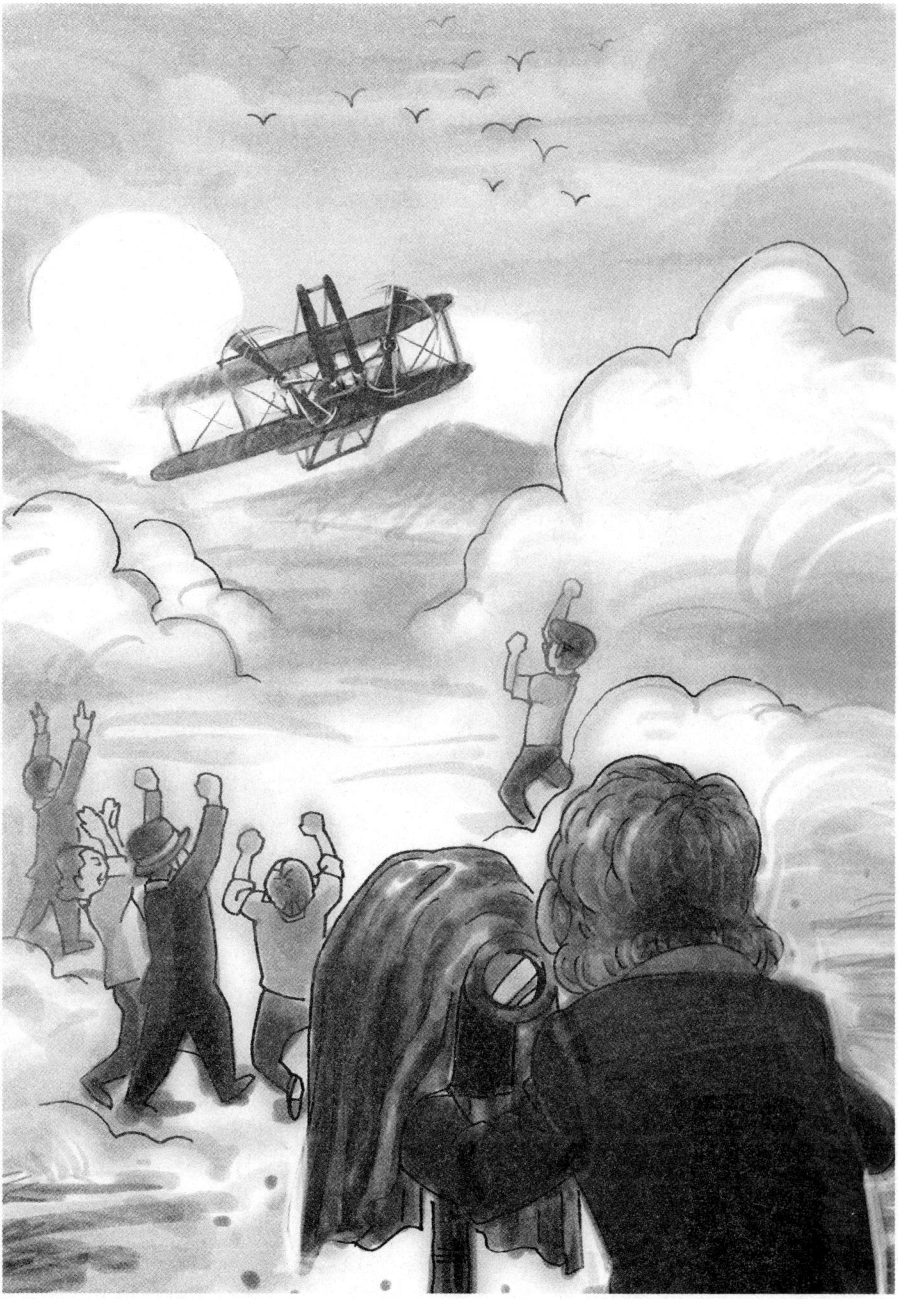

的损坏。"奥维尔仍然很乐观。

所幸,两人仔细检查飞机的状况后发现,除了升降舵的支架外,其他部分没有太大的损伤,只要稍加修理,过两三天就可以再飞了①。

就是这次试飞,威尔伯创下了飞行五十九秒、两百六十米的纪录,意味着人类的交通历史将从此发生巨大的变革,整个人类社会将进入崭新的时代。

成功带来了巨大的喜悦,可有谁去追问,莱特兄弟当年那个看似不可思议的梦想是如何悄悄萌芽的呢?

---

① 在奥维尔的日记中记载,当时兄弟俩检测后,飞机并未受太大损坏,但后来在拖运回去的途中,一阵强风袭来,掀翻了飞行者一号,造成严重的损坏。从此,飞行者一号再也没有起飞过。

6. 梦想的种子

就在1878年,莱特全家又因为父亲的职务需要,搬到了爱荷华州。这一年,威尔伯十一岁,奥维尔七岁。

一天,弥尔顿结束一次传教任务后,回到家里。莱特家的孩子们全都围了上来,你一言我一语地对父亲诉说着这些日子以来的生活琐事。

大哥罗伊希林向父亲打小报告:"爸爸,奥维尔的学校老师一直向妈妈抱怨,说他实在太调皮了。"

弥尔顿听完,假装板起脸问:"奥维尔,是这样的吗?"

奥维尔向大哥做了个鬼脸,解释说:"爸爸,不是的。是因为我的计算方式跟老师教的不一样,他就说我错了。可是我的答案是正确的啊!而且我想来想去,觉得我的方法更好,所以就站起来反驳老师。我想就是因为这样,老师才会向妈妈说我不乖。"

二哥洛林也加入战场，说："不止如此吧！老师还抱怨你常捉弄其他同学呢！"

威尔伯想袒护这个小弟，说："爸爸，我想是因为老师上课太无聊了，所以奥维尔才会不专心听课。"

总算有人替他说话了，奥维尔对威尔伯感激地笑了笑。

这时，四岁的凯瑟琳才不管谁调皮、谁不乖呢，她抬起头看着父亲，天真地问："爸爸，这次回来，您带给我们什么礼物呢？"

弥尔顿弯腰抱起凯瑟琳，莞尔一笑说："凯瑟琳乖不乖啊？乖的话，才有礼物喔！"

"乖！"

"嗯，很好！"接着弥尔顿对大家说，"从小，我一直教导你们要独立思考，明辨是非，这是学习最重要的部分。知道吗？"

男孩们都点点头表示了解了。

弥尔顿转头对奥维尔说："奥维尔，你能找到别的方法是件好事,但是也不该捉弄同学,你知道错了吗?"

奥维尔回答:"是,我知道错了。我会改正的。"

弥尔顿摸了摸奥维尔的头,放下凯瑟琳后,便将礼物一一送给孩子们。

知子莫若父!弥尔顿送给威尔伯和奥维尔的礼物,是一个用竹子、软木和纸做成的玩具,形状就像是竹蜻蜓,只不过上下都有叶片,中间用橡皮筋连接,扭转橡皮筋就能提供动力,促使这个玩具向上飞。

收到这个礼物,两人爱不释手,简直乐呆了!每天只要有空,兄弟俩就会拿起这个玩具,扭紧橡皮筋,松手,让上面的叶片快速旋转,然后望着它慢慢飞上天。

为什么它会飞呢?人是不是也可以?

这天,兄弟俩又玩着这个玩具,没想到一个不小心,玩具摔坏了。

"啊!坏掉了!"奥维尔懊恼地说。

"没关系!我想我们可以照样做一个。你觉得呢?"威尔伯安慰弟弟。

奥维尔高兴地抱着哥哥说:"威尔伯,你说的是真的

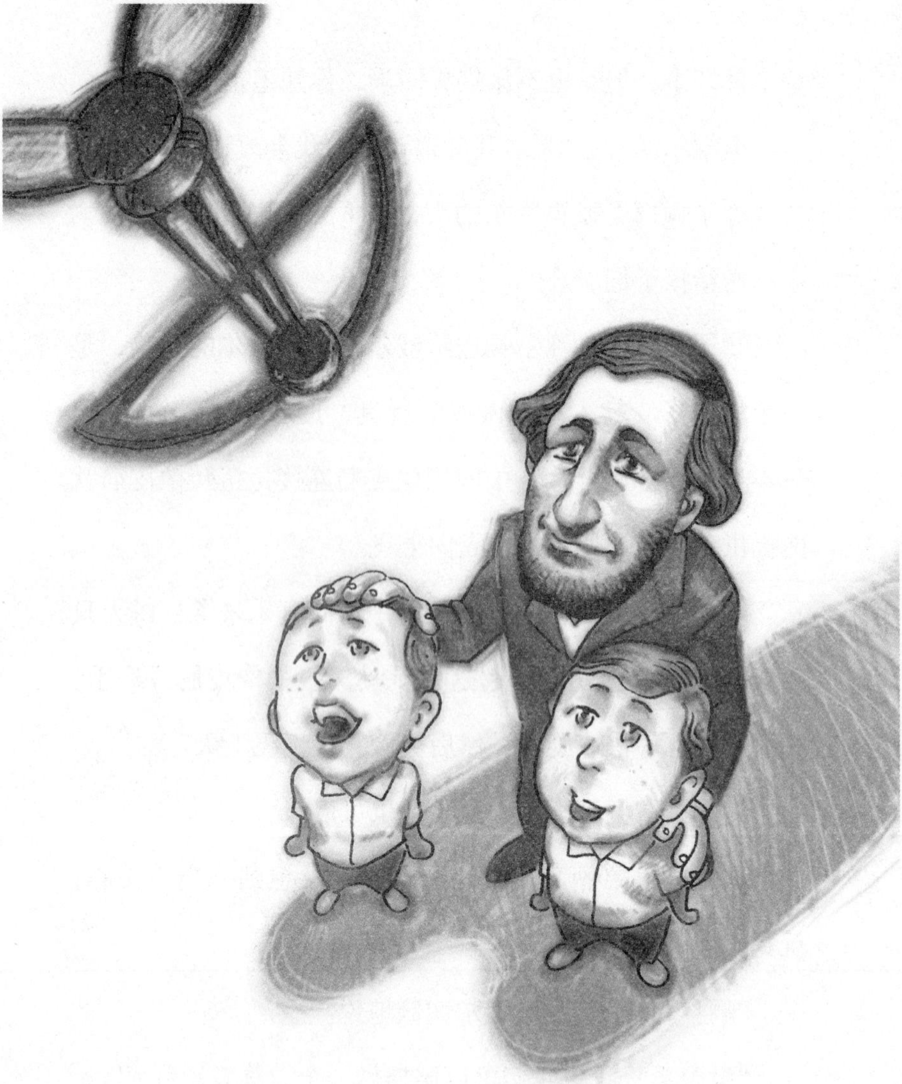

吗？我们真的可以自己做一个？"

威尔伯说："当然是真的。经过这阵子的研究，我已经很清楚这个玩具的架构了，我想，再复制一个不是难事。我们来做一个比原来那个还大的好不好？你愿意帮我吗？"

奥维尔不断点头。

威尔伯说："好，那我们先找来竹子和木材，再向妈妈要些纸和橡皮筋。"

"嗯！"

材料都收集齐了。威尔伯和奥维尔拿着小刀、剪刀削削剪剪，又糊又绑，没多久，一个全新的玩具就完成了。

两人迫不及待地进行他们的第一次飞行实验。

"扭紧橡皮筋，松手！"威尔伯发号施令，奥维尔负责执行。

"起飞！"奥维尔手一松，他们制造的这个玩具顺利飞起。"太棒了！威尔伯，你真是天才！"

苏珊将这一切都看在眼里，她知道这不仅是个玩具，也是颗梦想的种子，在不知不觉中兄弟俩的心中已有了一个关于飞行的梦。

后来，弟弟奥维尔在学校仍然时不时调皮捣蛋，甚至还遭到学校退学，但爸爸始终没有太责备他。在结束中等教育之后，奥维尔正式投入了印刷行业，这时大概是1889年。

至于威尔伯，他不但会念书，还是个运动高手。他原本打算上大学，但是在十八岁那年的冬天，他和他的朋友进行一场曲棍球比赛时，没想到意外就这样发生了！威尔伯手持球棍一个箭步向前，拦截了对手的球，迅速转身时，突然眼前一黑，头疼欲裂。原来，对手想要来个抄截，却不小心打到了威尔伯的脸，让他受了伤。虽然没有造成严重的伤害，但是威尔伯因此被迫在家休养。

威尔伯受伤之后，像是变了一个人似的，不仅沉默寡言，对人生也没有了信心，还放弃了进入耶鲁大学就读的机会。后来的几年，威尔伯为了照顾患了肺结核[①]的母亲，更是几乎足不出户，难得空闲时，就待在父亲的图书

[①] 肺结核：由结核杆菌所引起的一种疾病。在那时，人们以为染上结核病是因为营养不良或是过度劳累，而且没有药可以医治。

室里忘我地阅读，汲取了大量的知识，为日后发明飞机打下坚实的基础。

也差不多就是这个时候，莱特兄弟心中那颗早年种下的梦想的种子，即将开始悄悄发芽。

7. 报社与莱特自行车公司

奥维尔从小就鬼灵精怪,这一天他突然兴致勃勃地跑来找威尔伯。

"威尔伯,我想办一份报纸,你来帮我好吗?"

"办报纸?"生性沉稳、思绪缜密的威尔伯立刻想到许多实际的问题,有点为难地说,"可是我们并没有印刷机器,也没有资金,恐怕……"

"我们可以自己做啊!这样就不用花费太多钱。你当编辑,我负责销售,相信一定可行。"

"这……"威尔伯仍在犹豫。

"威尔伯,你看我们这一带的报社发行的报纸内容贫乏,用字鄙俗,实在称不上好。如果我们办一份质量、内容都很好的报纸,不也是做了件好事吗?再说,我已研究过印刷的原理,只要你肯帮我,我们一定可以自己做出一台快速又好用的印刷机。"

见奥维尔的眼中满是坚定,威尔伯于是点头答应:"好吧!让我们来试试。"

俗话说"兄弟齐心,其利断金",说得一点儿也没错。在莱特兄弟的同心协力下,一份名为《西部新闻周报》的报纸很快就正式发行了。

由于威尔伯的文笔佳、报道的内容生动有趣,加上奥维尔的营销有道,《西部新闻周报》的销售量节节高升。

这真是令人高兴!但是,莱特兄弟却老是闷闷不乐。因为他们母亲的病况似乎没有好转的迹象。

"医生说妈妈需要多休息,最好能多接触新鲜的空气和充足的阳光。所以,我想……"

奥维尔还没说完,威尔伯就已经明白了他的心意。"我们不如在屋外建个阳台,让妈妈可以在那儿晒晒太阳,呼吸新鲜的空气。"

"这正是我的想法!"

莱特兄弟用遗传自母亲的巧手,很快打造出一方温暖的空间,让苏珊非常感动。但是,莱特兄弟的努力无法扭

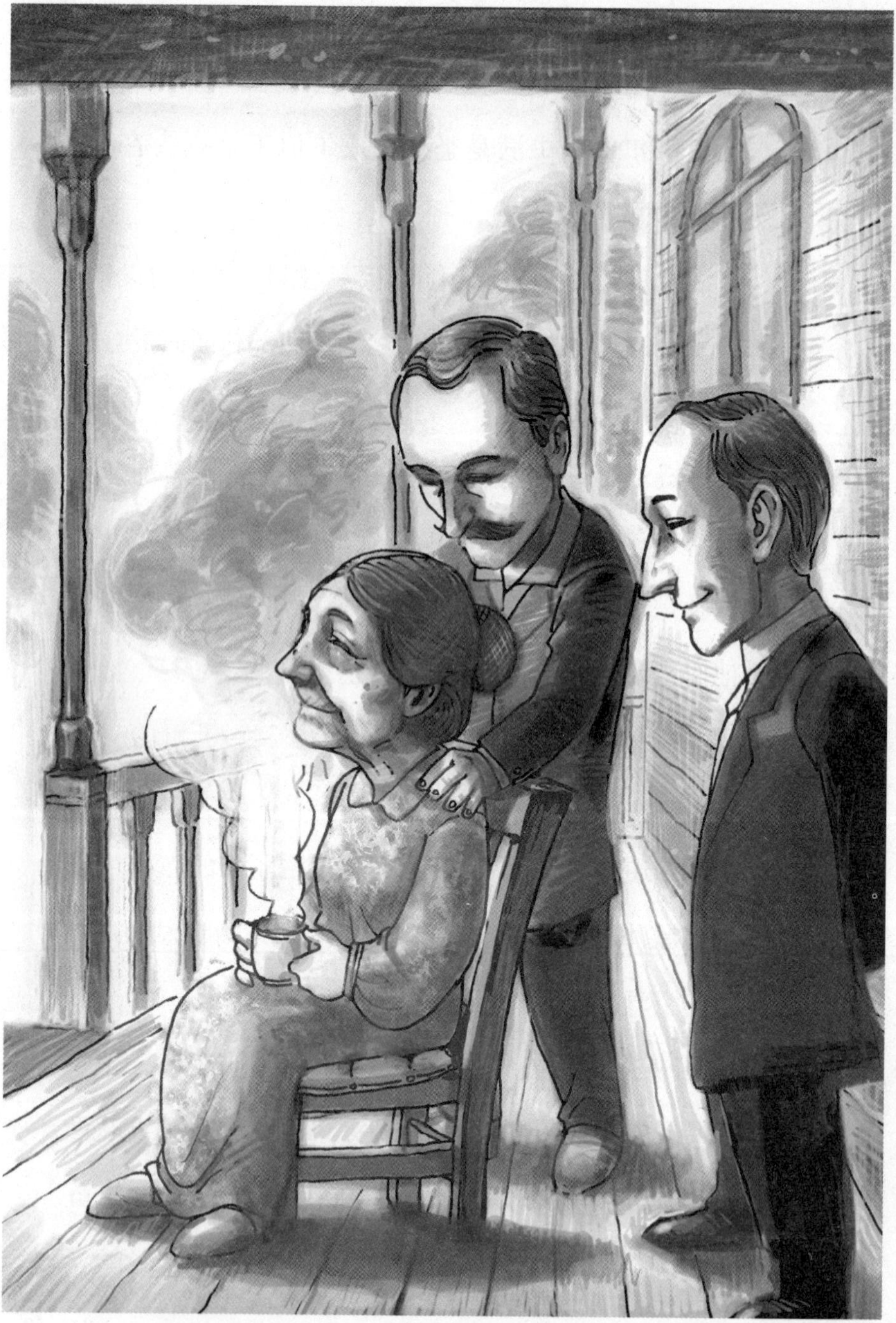

转母亲每况愈下的病情。1889年7月4日，正当全美欢庆独立之日时，苏珊却撒手人寰，留给莱特兄弟无限的哀伤。

在办完母亲的丧事后，莱特兄弟收拾起悲伤的心情，更积极地投入报社事业，几个月后，他们将周报改为每日发行的日报。在办报期间，兄弟俩不但改良印刷机器，使印刷速度大增，还发明了自动折报的机器，在设备不断改进的情形下，他们的报纸事业蒸蒸日上。

到了1892年，奥维尔又有新的想法了！

"威尔伯，你看现在全国都陷入自行车的风潮，我觉得经营自行车店会是个有前景的工作。"

"如果只单做自行车的零售，恐怕不是长远之计，"威尔伯总是冷静地思考事情的可行性，"或许……我们应该增加自行车修理的服务。"

"你说得有理！"

于是没多久，代顿市就多了一家"莱特自行车公司"。刚开始，他们只是卖自行车，后来便开始自行研发制造，充分表现出他们的机械天分。

19世纪后半叶，可以说是知识爆炸、科学空前发展的年代。爱迪生发明了电灯、贝尔发明了电话……更引起莱特兄弟注意的，是一个叫奥托·李林塔尔的德国人。

　　威尔伯特别注意有关李林塔尔的每一篇报道。李林塔尔被称为"滑翔翼①之父"，已成功造出多种可载人的滑翔翼，更做过无数次成功的滑行试验。

　　"'发明一架可以飞的机器并没有什么了不起，如果制造一架具有实用性的，则是值得重视的事。'李林塔尔说得真好。"威尔伯看着杂志自言自语，"如果能够飞行……"他的眼里突然闪过一道光芒，深埋心中的那颗种子慢慢冒出芽来，"如果能够飞行……"

---

① 滑翔翼：指没有动力装置驱动的飞行器。

8. 飞行的前辈

1896年有三件关于飞行的大事发生：史密松森研究所的秘书长塞缪尔·兰利在华盛顿进行了无人驾驶的飞机模型的"动力"飞行试验[1]；查纽特用方向舵和有活动关节的机翼来"操纵"滑翔翼；8月，李林塔尔在一次滑翔试验中，突然遭遇强风而坠落，当场身亡。李林塔尔的死，给莱特兄弟带来非常大的震撼，这也是使他们的飞行梦想发光发亮的导火线。

上文中用引号特别强调了"动力"和"操纵"两个重点，这正是当时莱特兄弟特别注意的问题。

飞翔，一直是人类的梦想，早在15世纪，意大利的全

---

[1] 兰利的飞机模型是以弹射为动力。他把模型飞机架在船上，利用弹射力量起飞，飞机飞行了大约800米。但是因为没有起落装置，因此弹射后只能任其坠入水中。

才艺术家达·芬奇就对飞行非常着迷,在他留下的许多笔记与手稿中,后人发现了有关降落伞、扑翼的设计图,其中关于动力飞行器的构想和现代直升机的基本原理不谋而合。

达·芬奇的扑翼设计是受到鸟类飞行的启发。他曾仔细研究鸟类的翅膀,认为鸟类之所以会飞,是因为不断摆动翅膀,如果在人类的手上也绑一对像鸟一样的翅膀,人类是不是就可以飞起来了呢?

达·芬奇由研究鸟翼的经验得知,鸟类翅膀的肌肉远较人类发达,人类的手臂无法像鸟的翅膀那样长时间挥动,但他对飞行的热忱,使他始终相信只要借助适当的辅助工具,人类就可以飞上天空。

不过,我们现在知道,如果真照着达·芬奇的设计制造扑翼,人类是飞不起来的。

但是,他有另一个可行的设计:利用螺旋原理设计的垂直起落飞行器,这可以说是直升机的鼻祖。在达·芬奇的那个年代,还没有先进的机器可以提供动力使飞行器和飞行员升起来,而人类手臂的肌肉也不可能发达到可以产生能使自身上升的旋转动力,所以达·芬奇的设计在当时并没有办法付诸实行。然而，从他的笔记中不难发现他对飞行的热爱，也可以看出他认真治学的态度。他可以说是以科学方式致力飞行研究的第一人。

从15世纪到18世纪后半叶，法国的孟戈菲兄弟才成功地利用热空气比冷空气轻的浮力效应原理，发明了可载人的热气球，人类飞行的梦想终于实现。19世纪工业革命后，科学发展更加蓬勃，致力于飞行研究的人更是前仆后继，其中以李林塔尔的贡献最大。

李林塔尔是德国工程师，与达·芬奇一样，也热爱飞行。从柏林技术学院毕业后，他进入一家公司担任工程师，从中累积了许多机械工程的实务经验；后来进入皇家工业大学深造，毕业后先后在几家公司担任工程师，但是他对飞行的热情并没有因为工作而消减。

李林塔尔一直在研究鸟类飞行的秘密，他发现鸟类的翅膀并不是平的，而是前厚后薄的形状，此外他也详细地计算飞行时的升力、阻力，在1873年时第一次公开发表了他对鸟类飞行的研究，并将他的研究写成《鸟类飞行是航空的基础》一书，于1889年出版。

仅是研究鸟类的飞行当然不能满足他对飞行的欲望，他在书里宣称他早在1867年就进行了他的第一次试验。那时候的他才不过是个二十岁的小伙子呢！不过最为人乐道的是1891年他进行的第一次载人飞行，成功地迎风滑翔了将近二十八米，此后他更进行了两千多次的成功飞行，各国的报纸、杂志争相报道这些成功的飞行经验，并大幅刊登李林塔尔和他的滑翔翼的照片，肯定他的科学贡献，认为是他让飞行变成可能，而非空想。

　　李林塔尔是第一位实现多次成功滑翔飞行的人，最难能可贵的是他并不藏私，大方地将他的实验数据公之于世，并于1896年出版，这成为后来研究者最有利的参考。

　　也许有人会觉得奇怪，几乎是冒着生命危险进行的实验，为什么他愿意把这些宝贵的实验数据告诉大家？其实，每一个科学家的成就，都是建立在前人的研究基础上，李林塔尔也不例外。英国的乔治·凯利[1]设计了滑翔

---

[1] 乔治·凯利：(George Cayley，1773—1857) 被称为英国航空之父。是他指出人类无法模仿鸟类扑翼飞行，仅能模仿鸟类滑翔，并对飞行原理、升力、阻力等都进行了科学的实验与研究，可以说是将飞行从冒险试验提升到科学探索的科学家。

翼模型，李林塔尔在他的基础上制造出实体滑翔翼，并进行实验，不断改良，才获得傲人的成功。

那么，李林塔尔的滑翔翼到底长什么样？

李林塔尔设计了十八种滑翔翼，其中一种拥有双层机翼和尾翼，并以木材为框架，机翼上包覆了一层涂蜡的棉布。这个基本构造是不是和莱特兄弟的飞机很像呢？

飞行员从两机翼的中间钻过，头、肩、手在机翼上，腰部以下在机翼下，就像穿了一件大蓬裙。这种飞行方式需要飞行员站到高高的山顶，双手紧握着框架，然后迎着风纵身跳下……

整个飞行过程中，飞行员的身体将悬挂在机翼上，借由移动身体重心来控制飞行，虽然这一点和现代的悬吊式滑翔翼很相似，但是李林塔尔设计的滑翔翼在利用重心控制飞行时并不容易。

那么，这个问题的症结在哪儿呢？原来，在李林塔尔的设计中，虽然飞行员也是悬吊在机翼上，但是他必须利用他的肩膀固定住滑翔翼，双手握住机翼下的框架，所以他只能摆动他腰部以下的身躯，而不像现在的悬吊式滑翔

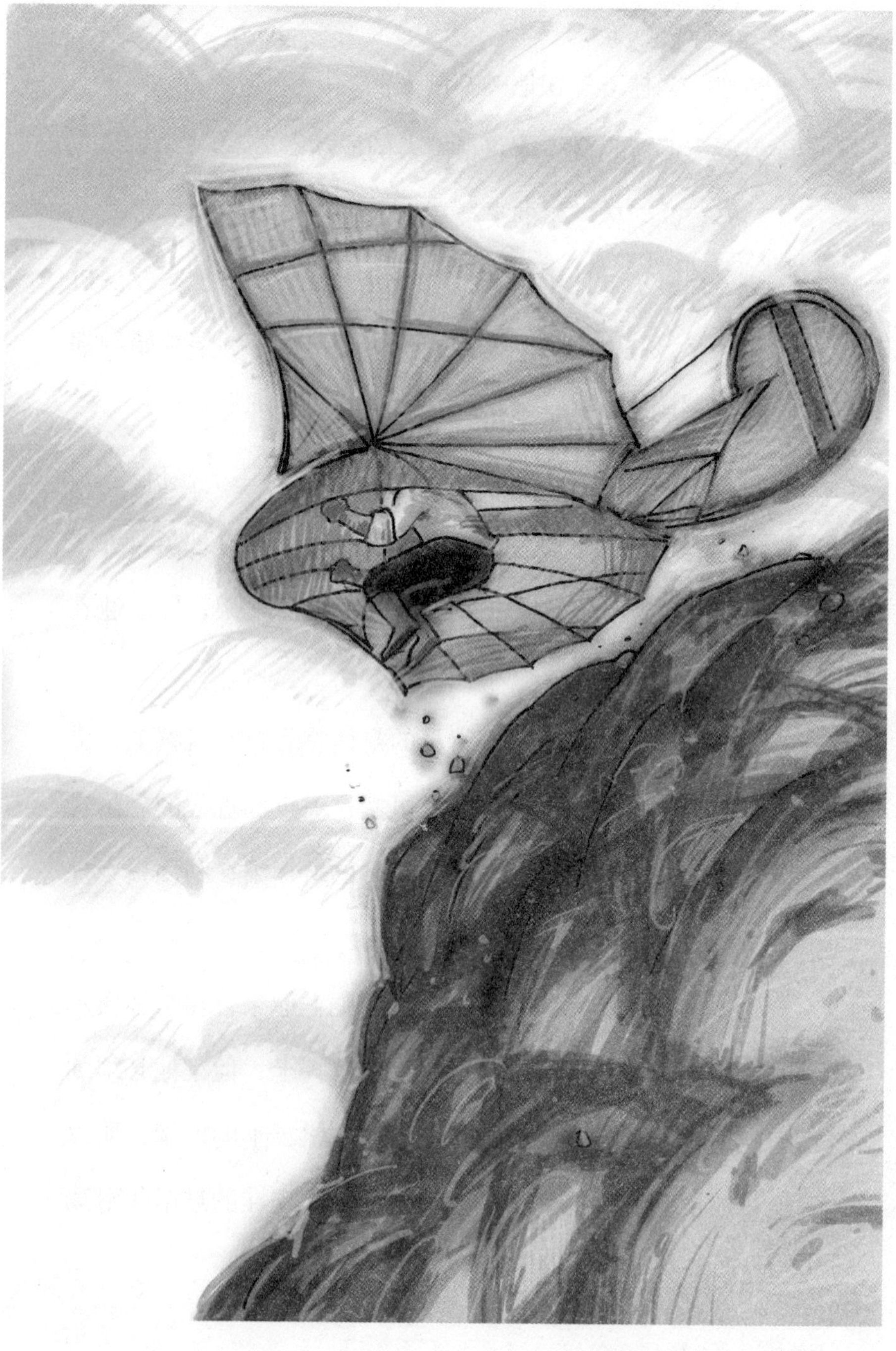

翼，飞行员可以通过摆动全身来控制飞行。

在李林塔尔研究滑翔翼的同时，美国也有不少致力于飞行研究的专家学者，兰利和查纽特便是其中的佼佼者。

兰利于1834年出生于美国马萨诸塞州，早年没有受过高等教育，后来靠自学当上哈佛大学天文系助教。他曾发明可以测量热的精密仪器，对研究太阳辐射贡献很大。1887年他被任命为史密森协会的秘书，1890年创办了史密森天体物理台，主要从事天文学、天文物理学、地球科学等方面的研究与教学。从90年代开始，兰利研究空气动力学，试图从鸟类的飞行中获得研制飞机的启发，他的焦点锁定在"动力"上。

查纽特在1832年出生于法国，六岁时来到美国，十七岁就当上了土木工程师，后来成为建造铁路的工程师。1875年他受邀到欧洲时，第一次见识到飞行机器，进而产生兴趣。在1890年他从工作岗位上退休后，便全身心致力于飞行器的研究，并曾参与李林塔尔一连串的飞行研究与实验。

因此，关于飞行的研究，在19世纪吸引了许多科学家和工程师的参与。

远在代顿的莱特自行车公司的小工作室里，对飞行研究的热情也感染了这对兄弟。

当时，莱特兄弟专注地盯着报上的一则报道，神情哀凄。据报载，1896年8月9日，李林塔尔又进行一次滑翔翼测试。一如往常，他纵身一跃而下，机翼乘风，将他带往无垠的蓝天，升起的不仅是滑翔翼，还有他满腔的热情和理想。这时突然刮起的一阵强风让他失去平衡，从十七米的高空坠地，摔断了脊椎，隔日不幸身亡，让人不胜唏嘘。

威尔伯念着报上的文字："最后，李林塔尔只留下了一句话：'总要有人牺牲的……'"威尔伯的眼光从报上离开，然后慢慢抬起头来，轻叹一声后喃喃地说："他的牺牲对人类飞行的贡献实在太大了。"

奥维尔也难掩伤心地说："他的陨落是人类的一大损失啊！"说完，兄弟俩心情沉重地对坐，默默无语。

这件事对莱特兄弟的影响很大，在他们最崇拜的飞行前辈过世后，有谁能继续他的飞行事业呢？威尔伯在心里悄悄地下了一个决定。

9. 成功之母

　　自从李林塔尔过世后，威尔伯变得更沉默寡言了。奥维尔常常看到他若有所思地一边工作，一边喃喃自语。有时候像是想不透什么似的，停下手边的工作摇摇头；有时候又像是得到什么礼物般，开心地笑了。

　　这一天，奥维尔终于忍不住问威尔伯："威尔伯，我看你最近常常心不在焉，你的脑袋里是不是有什么有趣的想法呢？可以和我分享吗？"

　　威尔伯不好意思地笑了，回答说："我……我有个想法……或许你会笑我太自大，但是……我想……我想继续李林塔尔的研究，我想制造出可以让人类自由翱翔的飞行器。"①

---

① 在 1899 年前，威尔伯独自研究飞行的机器，他称之为"我"的机器、"我"的计划，后来奥维尔也投入其中，威尔伯才改称为"我们"的机器、"我们"的计划。

奥维尔的脸上绽放出从未有过的光芒，开心地说："你说的是真的吗？我也有相同的想法。太好了！"

"只是……"威尔伯说，"我还有很多地方想不透。李林塔尔之所以坠机，是因为遭遇强风，滑翔翼失去了控制……那，要怎么才能更好地控制滑翔翼呢？"

奥维尔灵光一现地说："查纽特先生曾和李林塔尔先生共事，他一定拥有许多宝贵的研究经验，不如我们写信向他请教，同时我们也可以试着制作一架，实际测试。你觉得呢？"

"你的建议很不错！"威尔伯终于一扫阴霾，"好！我们兄弟俩携手，一定可以解决问题的。我来写信给查纽特先生，你去把相关的资料通通找出来，我记得查纽特先生的《飞行机器的发展》好像在书架最上层，那本书对我们的研究一定很有帮助。"

威尔伯忽然想到什么，高昂的情绪忽然冷却："可是，父亲……他……会同意我们这样做吗？"

奥维尔正在兴头上，不假思索地回答："他一定会支持我们的。晚上再和他讨论吧！"

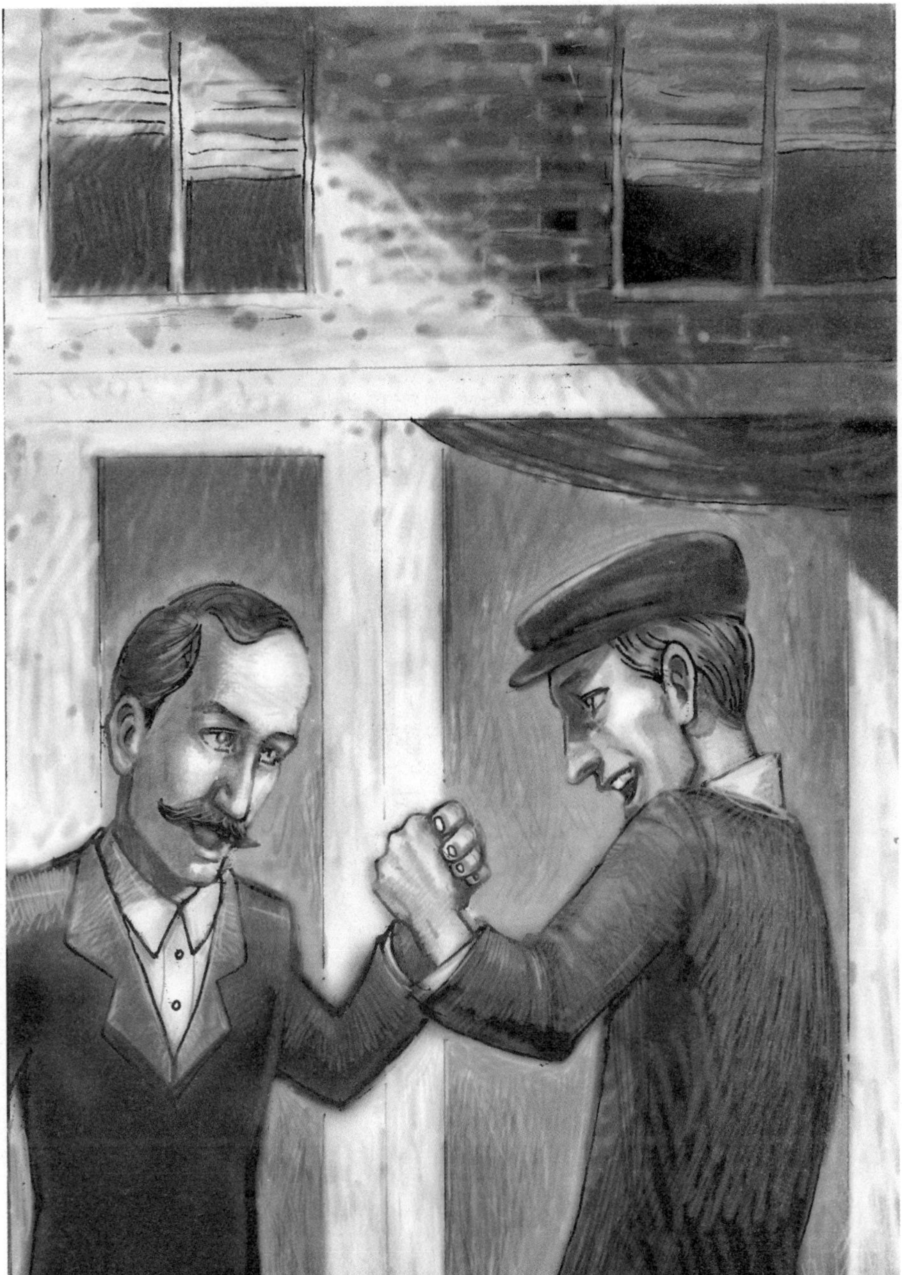

当晚，莱特兄弟便向父亲和盘托出了他们的计划，虽过程有些曲折，但最终获得了首肯。

在与查纽特先生的书信往来中，莱特兄弟获得了许多宝贵的知识，这对日后的研究有非常大的助力。

由于李林塔尔的意外牺牲，莱特兄弟觉得"控制"才是成功飞行的关键。威尔伯曾观察鸟类，发现鸟类要转弯时会改变翅膀末端羽毛的角度，这会不会就是操控的关键呢？如果机翼可以扭转角度，是不是就可以像鸟儿一样自由转弯、倾斜了呢？又要如何将这样的想法付诸实行？这些问题让他非常困扰。

你看，威尔伯又呆坐在自行车店后的工作室里了。他的手里虽然拿着自行车内胎的盒子，脑子里却一直想着如何让滑翔翼转弯。他的手无意识地转着内胎的盒子，突然，一道灵光乍现，他高兴地跳了起来，大叫："奥维尔，快来，我想到让滑翔翼转弯的方法了。"

奥维尔急忙跑进来："威尔伯，你说的是真的吗？是什么办法？快告诉我。"

威尔伯眼中闪烁着光芒，声音高亢地说："你看！"他将手中的盒子左上右下地扭转，"如果我们的机翼可以像这盒子一样扭转，机翼翘起的一端会产生较大的升力，另一端相对产生的升力较小，这样的话，机翼就会朝着升力较小的一端倾斜，只要机身倾斜，滑翔翼势必会朝着机翼较低的方向转弯了。"

奥维尔想了想，说："威尔伯，我觉得你说得很有道理。"

威尔伯立刻拿来纸笔，在上面画了又画，和奥维尔讨论后，又修修改改。接下来好长的一段时间里，两人几乎全心投入滑翔翼的研发工作中。终于，两人画出了满意的设计图，接着就开始又裁又磨、又敲又打、又剪又缝，在1899年他们打造出一个翼展1.5米的双翼飞行器，这个飞行器有四条控制线，两两交叉地连接在木质的控制棒上。看起来是不是很像风筝呢？

他们兄弟俩迫不及待地想进行测试。在一个多风的日子，奥维尔双手握着控制棒，威尔伯固定双翼迎风站立，就像放风筝一样。准备就绪，威尔伯双手一松，双翼顺利迎风飞起，奥维尔左上右下地扭转机翼，机翼果然如他们

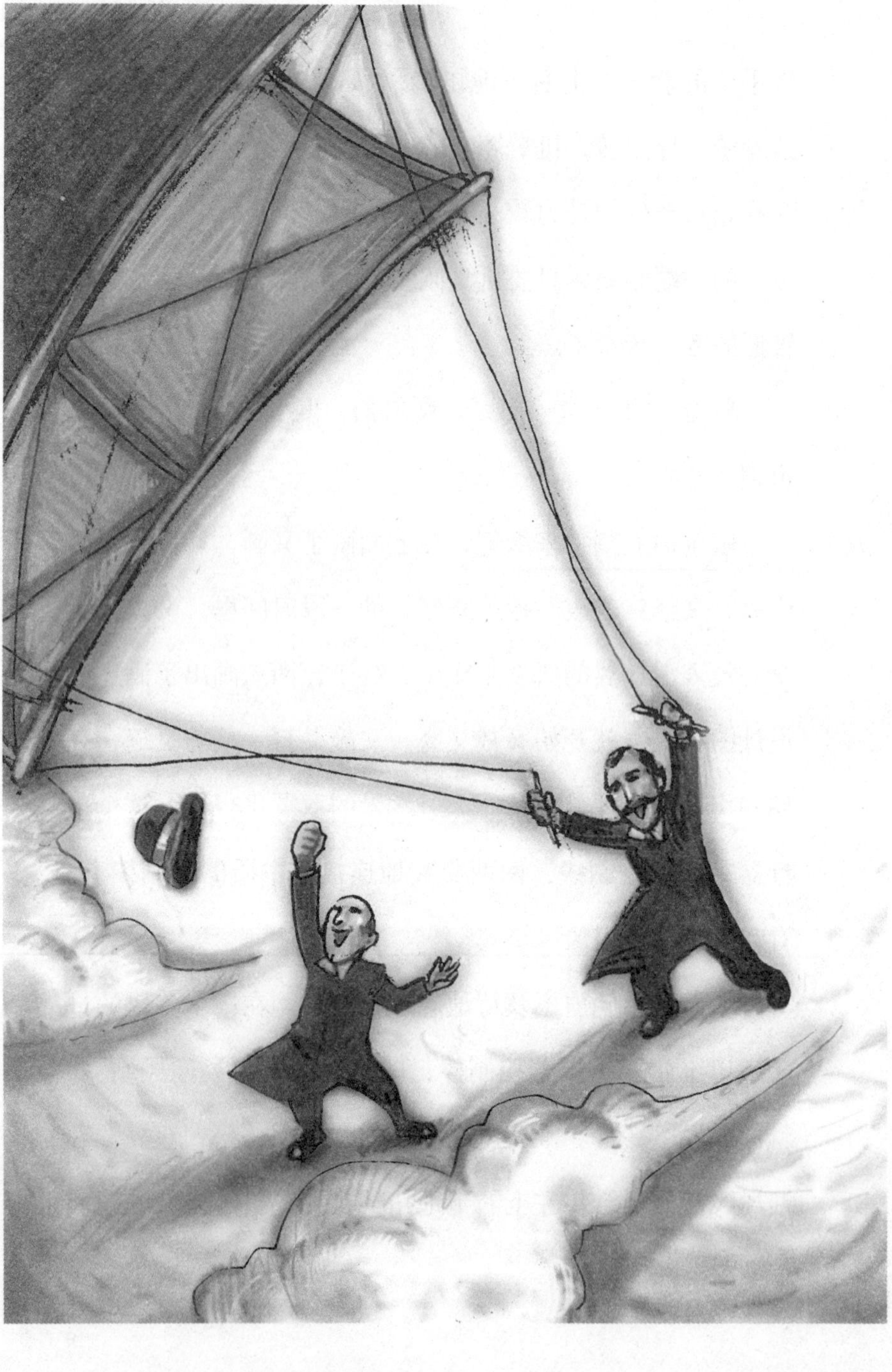

所愿地左右旋转。真是太成功了！虽然这副机翼不够大，没办法承载一个人，但是强风吹起时，双翼上升的力量几乎要把兄弟俩拉离地面。

这次试验的成功，大大增强了莱特兄弟的信心，他们决定要造一架更大尺寸的滑翔翼。他们以查纽特所设计的滑翔翼为基础，采用李林塔尔公布的研究数据，在机翼前方设计了一对控制平行的升降舵，以增加滑翔翼纵轴上的控制能力。他们认为这样的设计可以避免滑翔翼不受控地向前俯冲，而不至于像李林塔尔的滑翔翼那样坠毁。

花了将近一年的时间，在1900年莱特兄弟终于完成了这架翼展达5.3米的滑翔机。但是，要在哪儿试验这玩意儿呢？那个地方一定要有强劲的风，这样滑翔机才飞得起来，而且最好是沙地，这样滑翔机坠落时才不会有太大的损伤。

他们想来想去，代顿实在不是一个适合的地方。于是，他们写信给美国气象局，希望他们帮忙找一个多风的地方。最后他们选定了基蒂霍克镇，就是那个风、沙、蚊虫肆虐的地方。

莱特兄弟千里迢迢来到基蒂霍克镇，准备试验他们的滑翔机。这里的风就像是不会停止般地呼呼狂啸，兄弟俩不得不拉紧帽子，低着头前进。他们在强劲的风沙中艰难地步行了六公里，来到了基蒂霍克镇南边的基尔德维尔山。后来他们在这里造了宿舍，几乎每年都会来这儿住上一段时间，进行他们的测试工作。

对于试飞来说，这片空旷的软沙区实在太理想了！

顾不得身体上的劳累，莱特兄弟立刻小心翼翼地组装滑翔机的各个部分。基本架构和1903年试飞成功的那架飞机架构差不多，但是这架滑翔机并没有动力引擎和螺旋桨，而且他们也没有亲自上阵试飞，只是利用沙袋模拟飞行员的重量，用绳索牵引测试。没错，还是像放风筝一样。

虽然这架滑翔机的升力没有预期中的好，但是兄弟俩非常高兴，因为升降舵产生了作用，使滑翔机没有失去控制地向前俯冲，最重要的是他们又朝着飞行的梦想迈进了一步！

但是这次的实验没法测试扭转机翼对控制滑翔机是否真的有用，除非……亲身试飞。可若要载人，就得提升滑翔机的升力，这样他们就得制造更大的滑翔机。

他们又风尘仆仆地回到代顿，打造了一架更大的滑翔机。1901年，他们又回到基尔德维尔山进行测试。当他们扭转机翼时，却发现滑翔机没有朝着他们预期的方向转弯，反而朝着反方向飞去[①]。这是怎么一回事呢？

这次测试的结果，让他们非常失望。在回代顿的路上，威尔伯对奥维尔说："人类关于飞行的梦想一定会成真，只可惜我在有生之年是看不到了！"

奥维尔说："如果我们的数据都是对的，那么设计出来的滑翔机应该没有问题，会不会是李林塔尔先生的实验数据不对呢？"

威尔伯说："你说的对，或许我们该依据自己的实验记录进行研究，不能完全依赖前人的数据。"

[①] 莱特兄弟没有想到升力增加的翼面同时阻力也会增加，阻力会将双翼往后拉，结果滑翔机便朝着反方向转向。可为什么莱特兄弟之前的滑翔翼试飞时就不会有这样的问题呢？那是因为之前的滑翔翼重量轻，如果要让双翼转弯，两侧所需升力差不用太大，所以产生的阻力差也不大。然而滑翔翼体积变大、重量变重时，产生的让滑翔翼倾斜的升力差就会比较大，同时产生的阻力差也就更大，大到足以将滑翔翼拉往反方向！

回到代顿,他们针对过去一年来的实验数据进行分析,并比对李林塔尔等人的实验结果,重新设计、改良他们的滑翔机。但是因为经费有限,无法制造更多的滑翔机来进行测试,所以他们就地取材,利用自行车进行测试。

　　首先他们将一个轮子横向架设在自行车的把手上,并让轮子可自由转动。

　　在横向安放的轮子上,左右两侧各立有一个支架,右边的支架上竖立一片平板,左边的支架上竖立着机翼模型。当自行车向前骑时,平板与机翼模型同时受风,当平板的阻力大于机翼模型产生的阻力时,轮子便会顺时针旋转,相反的话,轮子就会逆时针旋转。

　　有了这个简单的实验"设备",他们便能测试出机翼模型的升力了。他们制作了不同形状与大小的机翼模型来进行测试,以获得最佳的机翼曲度与大小了。

　　经过一连串的试验后,他们发现外界产生影响的因素太多,恐怕会干扰数据的正确性,因此莱特兄弟用四片木板钉成了一个方形的空心管,在一端加上一组风扇,里面有一个像天秤一样的装置,这就做成了一台风洞实验机。

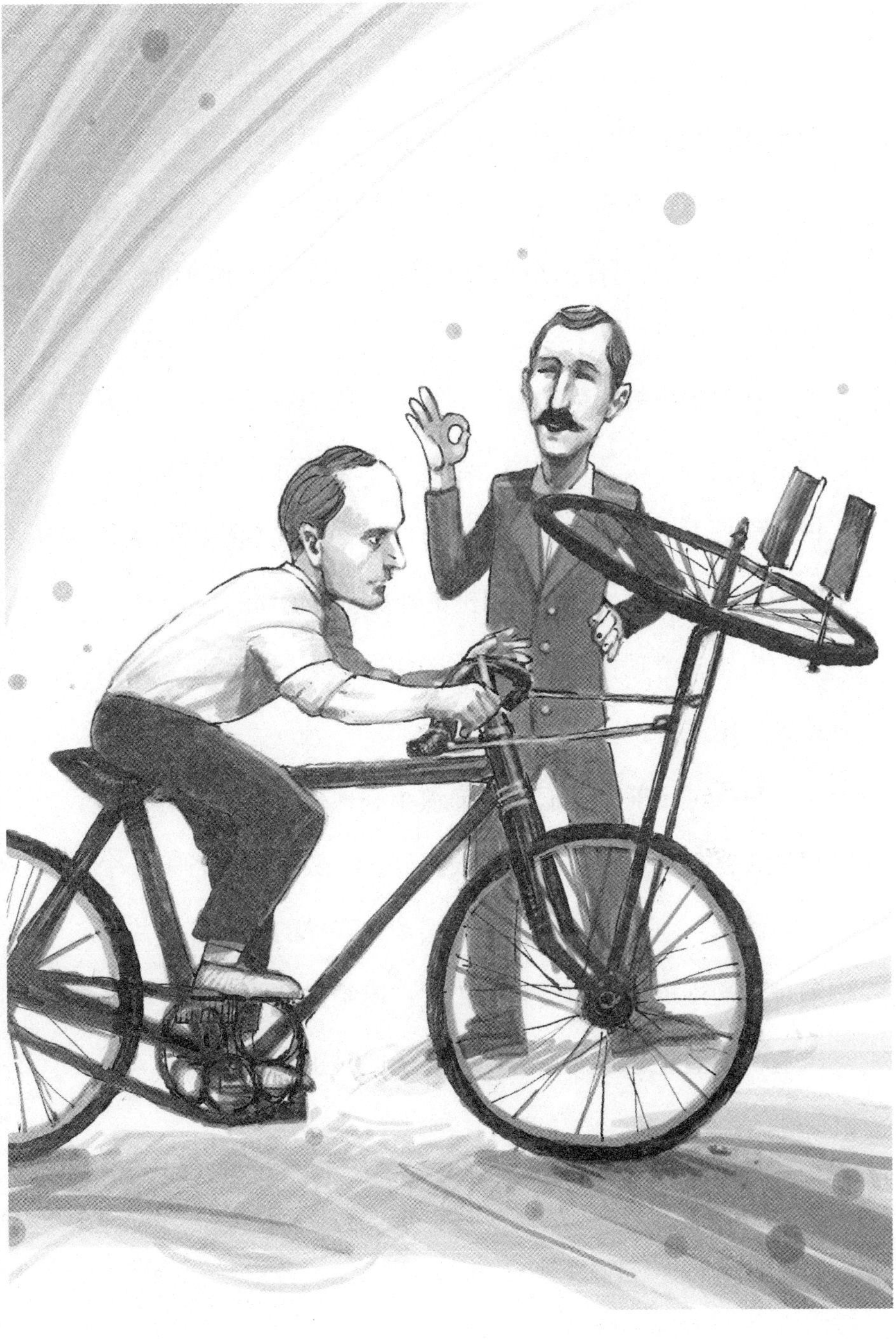

有了这样的实验设备，莱特兄弟就可以进行不同大小及形状的机翼测试，不仅省时省钱，还可以获得更多的数据，从中找出具有最佳升力的机翼尺寸和形状。在整个测试过程中，他们曾制造两百种不同形状、大小的机翼模型呢！

获得最佳升力的机翼后，还有一个问题要解决，那就是滑翔机如何转弯的问题。经过仔细计算后，他们在滑翔机后面加上了一双固定的垂直方向舵，增加滑翔机后半部的侧向受风面积①，让滑翔机更容易朝着预期的方向飞行。

当然，滑翔机制造完成后，他们又不辞辛劳地到基尔德维尔山进行实验。

每次试飞前，他们总是谨慎小心地检查滑翔机的每个部位。终于，他们将滑翔机安置好了，威尔伯准备第一个亲自试验。他趴上鞍座，前后摇动升降舵的操纵杆，并移动身体测试机翼的扭转是否正常。奥维尔拿着风速计测量风速，当他竖起大拇指时，就表示此时正是最佳风速。在

---

① 这里的受风面积，是指机翼上受气流影响的面。

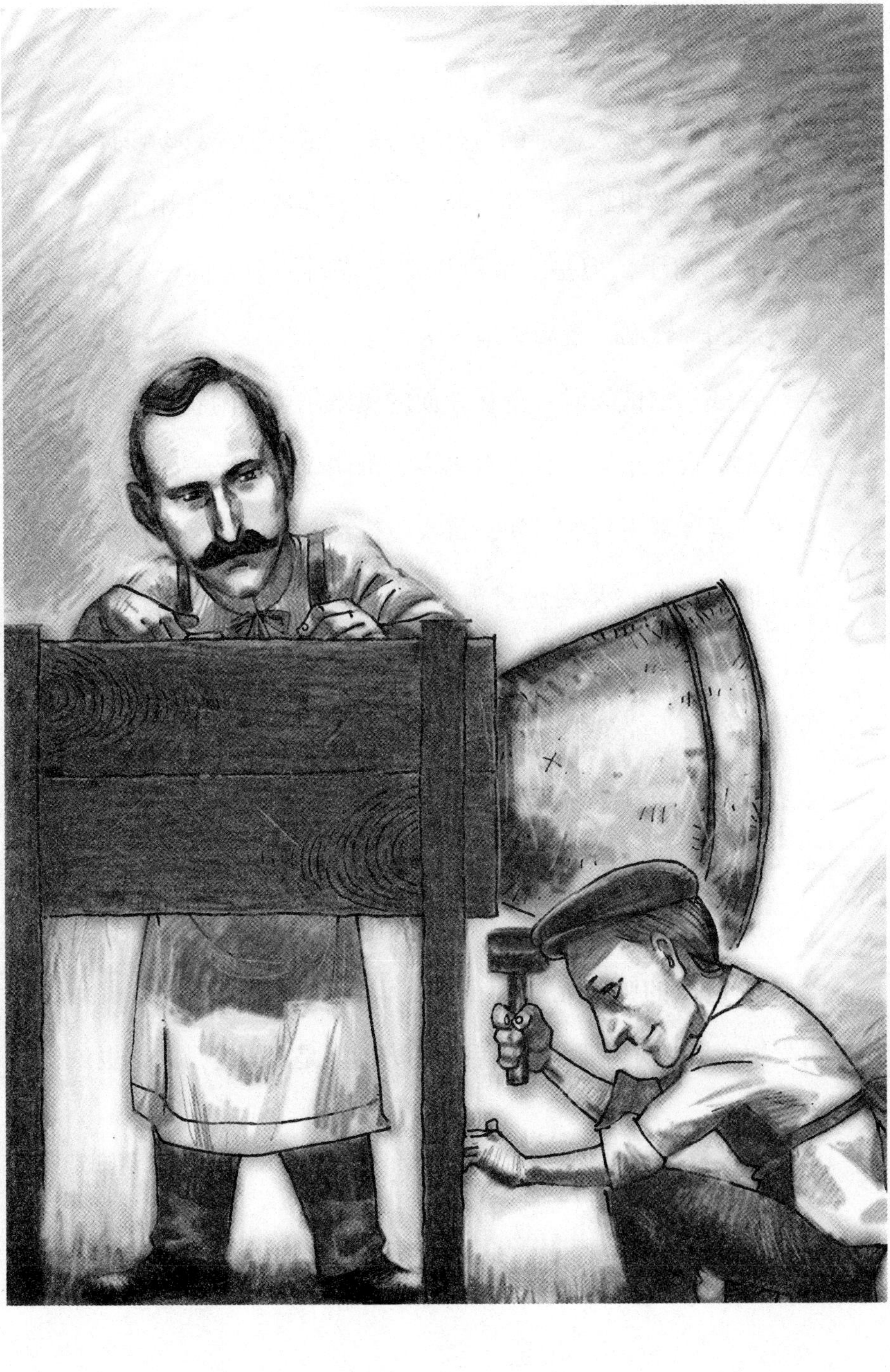

助手的协助下，滑翔机终于迎风起飞了！

　　待滑翔机进入稳定的飞行状态后，威尔伯靠移动身体牵引钢索扭转机翼，滑翔机倾斜了！方向舵产生作用了！滑翔机转弯了！但是，滑翔机却朝着同一个方向一直转圈，转圈，转圈，最后坠地了……

　　在威尔伯试飞时，待在地面的奥维尔可没闲着。他的手上拿了很多东西，其中有码表、测倾仪、卷尺等。码表是为了要计算飞行的时间，每次飞行都必须以秒为单位精确计时；测倾仪是要测量滑翔机爬升或下降时的倾斜角度；卷尺当然就是要量量滑翔机飞行的距离啊！这些工具可是一样也不能少呢！

　　对了，还有一样特别重要的工具，就是风速计。顾名思义，风速计就是测量风速的仪器。

　　这一次试飞，滑翔机竟然在天上一直旋转，到底是什么原因造成的呢？兄弟俩很快意识到滑翔机会这样"掘井"①，都是因为那个机身后方的方向舵是"固定"的，也

---

① 他们戏称滑翔机转弯角度无法改变，导致滑翔机一直转圈直至坠落的情形为"掘井"（well digging）。

58

就是说方向舵的角度不能改变，使得滑翔机无法改变一直转弯的状态，因此机翼外侧的速度持续比机翼内侧的速度高，让机翼外侧产生更大的升力①，造成滑翔机更加倾斜，所以滑翔机只能朝同一方向不断旋转，直到坠落。如果可以改变方向舵的角度，就可以改变滑翔机后方的侧向受力，从而平衡滑翔机的机身。

为了解决这个问题，莱特兄弟又设计出单片可动的垂直方向舵和双片可动的垂直方向舵进行测试。这些实验也都是在基尔德维尔山进行的。

这一天正是个多风的天气，很适合飞行。莱特兄弟小心翼翼地将滑翔机拖出仓库。他们不仅给机身后方增加了双片方向舵，舵片还能左右摆动。为了降低阻力，飞行员必须趴在下层机翼的中间，借由移动身体来扭转机翼并带动方向舵。

起飞了！看呀，威尔伯移动了他的身体，带动机翼扭转，同时方向舵也左右摆动，滑翔机转弯了！啊！成功

---

① 空气的升力和速度有关，速度增加，升力也会增加。

了！太成功了！

热血澎湃的兄弟俩在欢呼的同时，更加不满足于单靠风力飞行了！

思虑缜密的威尔伯很快收拾起欢愉的情绪，对奥维尔说："我们虽然可以成功控制滑翔机了，但是滑翔机的升空依然必须依靠风力，要是在无风的日子呢？岂不是……不，我们得制造出具有动力的飞机。"

只见奥维尔点头如捣蒜，表示赞同。他们立刻进行更周密的风洞测试，计算出可以推动飞机前进的引擎马力，以及飞机能承载的重量，并设计出一对前所未有的螺旋桨[①]。

所以就有了前面提到的，1903年莱特兄弟驾驶有动力的飞机飞上天空的故事。

现代科学之父牛顿曾说，他是站在巨人的肩膀上，所

[①] 根据威尔伯1903年的记录，他们所制造的螺旋桨的效能可达到66%。后来，科学家依照莱特兄弟的设计制造的螺旋桨，在现代的风洞中进行测试，并模拟1903年莱特兄弟第一次飞行时的条件，发现这副螺旋桨的效能可达到70%以上，最高可达到82%，就算以现在的科技来制作的飞机螺旋桨，可达到的最高效能也不过85%。完全靠自己摸索、自行研发，就能制作出这样高效能的螺旋桨，真是令人佩服！

以才能看得更远。莱特兄弟也不例外,虽然兄弟俩没有受过高等教育,但是他们研读所有与飞行有关的书、杂志、报告,让他们得以站在飞行前辈的肩膀上看得更远,再加上自身的努力,才有了不凡的成就。

10. 秘密的实验

在 1903 年,动力飞机首次飞行成功后,迎接莱特兄弟的不是鲜花和掌声,而是各界的质疑。因为他们不接受新闻记者的采访,也不公开展示飞行的实验,只是默默地工作。

有一次,有个记者好不容易找到了他们兄弟俩,要求给他们拍个照,以便在报纸上更好地为他们宣传这新式的机器。这可是个成名的大好机会,但是奥维尔谢绝了那名记者,他说:"为什么要让那么多人知道我们俩的相貌呢?"

记者没趣地走向威尔伯,想请他发表意见时,威尔伯不但没有炫耀他们的成就,反而低调地说:"记者先生,你知道吗?鹦鹉可以叫得呱呱响,但是它却不能飞得很高。"记者只好悻悻然地离开了。

当时还有更多的媒体对他们兄弟俩的飞行试验抱持怀疑的态度："老实说，根本没有人相信。"

1904年，《科学美国人》杂志曾公开抱怨："飞行测试仍然保持高度秘密，只有极少人亲眼看见了全过程。"在另一篇文章中，也有记者冷嘲热讽地写道："看来，这个传闻中的实验并没有多少人亲眼见证……一向机灵的美国新闻界，竟然就让这项惊天动地的表演逃过了他们的视线。"

法国人则说莱特兄弟在吹牛皮，一家德国航空学期刊更露骨地称他们的飞行是"美国人在吹牛"。

尽管如此，莱特兄弟毫不在乎外界的声音。在成功测试动力飞机后，他们回到代顿，结束了自行车店的营业，专心投入制造可以贩卖的"真"飞机。这个决定可以说是非常冒险的，因为他们并不富有，也不像兰利等人得到政府的资金支持①，自行车店的收入是他们一直以来赖以维生的经济来源，现在结束自行车店的营业，就等于完

---

① 兰利曾获得美国军方五万美金的投入，进行动力飞机的研究。

全断了收入。如果飞机的研发可以顺利进行也就罢了，如果不顺利，兄弟俩势必就要喝西北风了。可他们下定了决心，而且对飞机事业的未来深具信心。但也因此，他们更秘密地进行所有的实验，生怕别人偷走他们辛苦研究的成果。

在代顿北边十三公里远的地方，有一片霍夫曼大草原，原是银行总裁托伦斯·霍夫曼先生所有的牧场，但是霍夫曼先生同意免费借给莱特兄弟使用。兄弟俩在这儿建造了一座飞机场，进行飞行实验。

飞行者一号不能起飞之后，莱特兄弟很快就完成了飞行者二号。

在飞行者二号进行第一次试飞时，莱特兄弟特地邀请当地的媒体记者前来观摩。但是试飞当天因为引擎和风力不足的问题，飞机并没有如愿飞上天，所以也没有留下任何一张照片。后来有学者认为，当天是莱特兄弟故意让飞机飞不起来，好让媒体记者不要再把焦点放在他们的身上。

当然，这个说法是真是假已无法考证，但当地媒体的确有近一年半的时间，不再关心他们兄弟俩的实验。莱特兄弟不但没有因为失去镁光灯而失落，反而非常高兴可以远离记者的骚扰，更重要的是可以避免竞争者偷学他们的技术。

1904年到1905年，兄弟俩只留下了几张飞行的照片。但有一个养蜂人将他目睹莱特兄弟飞行的经历写成一篇文章，投稿了到《科学美国人》杂志，但是杂志社的编辑认为他写的东西太过荒诞不经，所以并没有采用，退回了这份稿子，最后这篇文章在《养蜂人》杂志中登出，成为有关莱特兄弟自1904年后飞行的唯一一篇报道。直到1906年，法国巴黎的一份杂志还以"是飞行员还是骗子？"为标题，质疑莱特兄弟成功飞行的真实性。

霍夫曼大草原虽然是个不错的试飞地点，但是因为代顿这一带的风力比基蒂霍克镇的风力小很多，所以他们起飞时必须使用更长的轨道，而春天和夏天时降落又很困难，常常造成飞机机身损坏，他们兄弟俩也撞得这里青一块、那里紫一块的。

为了解决起飞时动力不足的问题，他们决定利用发射架①获取动力。

1904年9月20日，威尔伯完成了史上第一次完美的转圈，飞机离地飞行的时间更长达一分半钟。虽然大有进展，但是控制上还是时常发生问题，所以他们在1905年时将飞行者二号拆解，大幅改造，但保留了引擎，建成飞行者三号。

飞行者三号与飞行者二号最大的不同是：莱特兄弟将方向舵的控制与机翼扭转的控制分开，不像从前全靠连接鞍座的钢索同时操控。至此，飞机的三轴控制——俯仰、水平旋转、左右倾斜可以分开控制了。

但是这架飞机的测试并不成功，每次飞行的时间都不超过十秒。直到奥维尔在一次飞行时坠机，迫使莱特兄弟对飞行者三号进行彻底重建。他们加大了升降舵与方向舵的面积，并且把它们放在离机翼更远的位置。

这个改变大大地增强了飞机的稳定性和可操控性，因

---

① 莱特兄弟为了解决风力不足的问题，设计出一个包含一座高塔、八百公斤的重锤、滑轮和轨道的发射架。在每次飞行之前，会有一群志愿者拉着粗绳，将重锤拉到高塔顶端，然后再将粗绳钩在飞机上。重锤下落时会牵动绳索，拉着飞机沿轨道前进。至于要将重锤向下的垂直力改成促使飞机前进的水平力，只要利用滑轮就可以轻易办到。

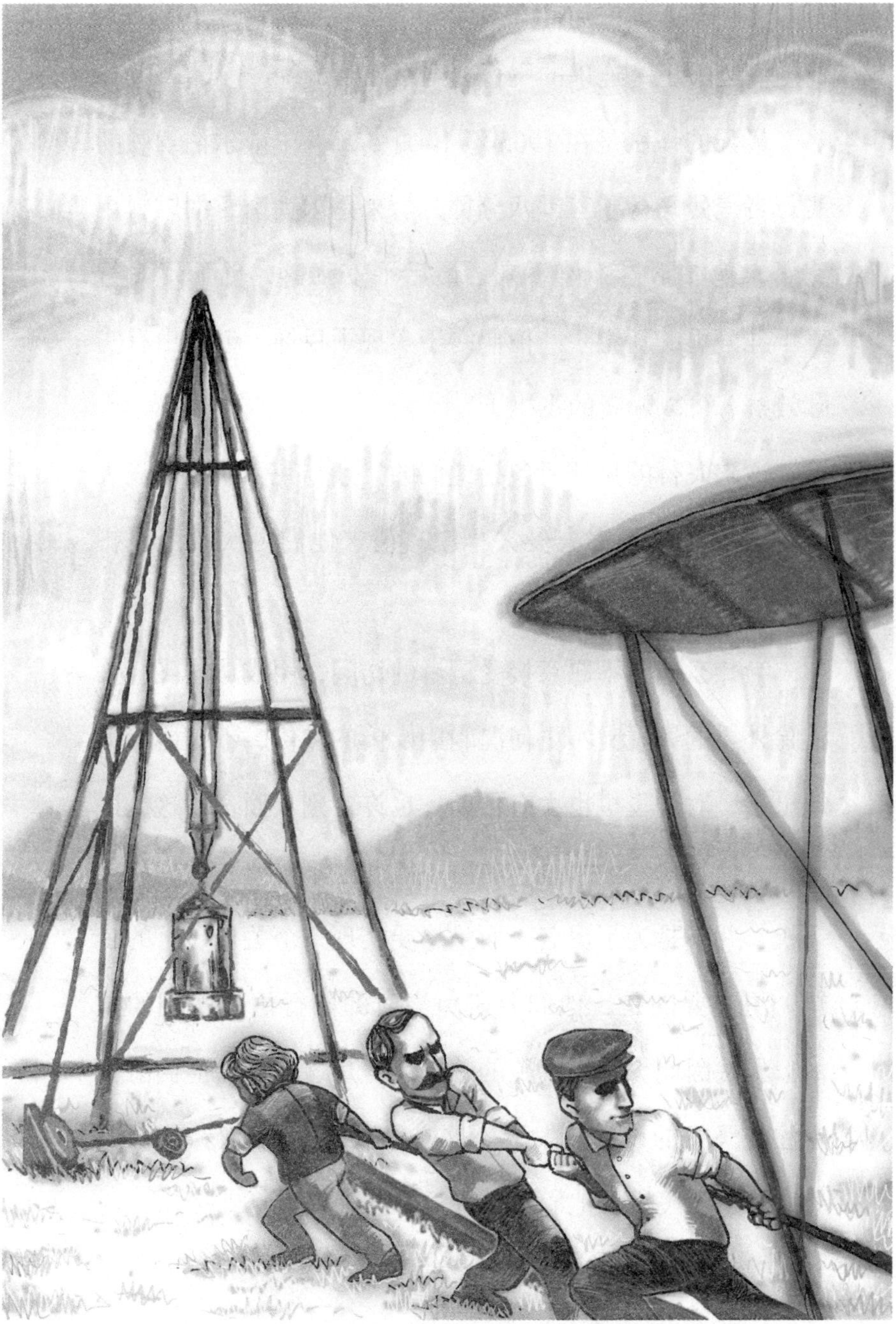

此他们创下了一连串的飞行新纪录。

最长的一次是在 1905 年 10 月 5 日，由威尔伯驾驶的飞行者三号飞行了三十八分钟，后来是因为引擎的燃料用完了，他才不得不停下来，最后平安降落，创下了飞行三十九公里的新纪录。他们终于实现了目标，创造出有实际效益、可以贩卖的飞机了。

这次飞行的见证者包括他们的父亲与几个朋友。隔天有记者闻风来到霍夫曼大草原，请求他们再次示范飞行时，他们却拒绝了。

为什么他们不愿意接受记者的访问，用成功的飞行来消除外界的怀疑呢？更何况利用媒体的宣传，不仅能大大地出名，对卖飞机也大有帮助。也许对别人而言，这么说没错，但是对他们来说，名声一点儿也不重要，他们制作飞机，并不是为了出名，而是想要实现一个关于飞行的梦想。更重要的是，他们要避免当时的同行偷走他们的技术！虽然因此少了些宣传的效果，但是这样却让他们能更专注在飞机的设计研发上。这样秘密的实验进行了几年，最后为了卖飞机，他们还是进行了公开展示。

11. 公开展示卖飞机

莱特兄弟天真地以为只要是真材实料,哪有买家不肯掏出腰包!他们开始四处寻访买家,对象包括美国军方、法国人、英国人以及德国人等。

莱特兄弟虽然是成功的发明家,却是失败的生意人,因为他们拒绝在签合约之前公开飞行。

自然,买家不敢贸然尝试!因为谁会在还无法确认这么新奇的发明是不是真的之前,就冒险签下合约呢?尤其是美国军方在不久前才资助兰利五万美元,让他研发全尺寸可载人的军用飞机,却只见到两次连机带人坠入河中的失败试飞。他们实在不想再把钱往水里丢,兰利都没办法成功,两个默默无闻的自行车制造商如何能做到!

可以想见,他们当时四处碰壁。正当他们感到前途黯淡无光之时,他们的竞争对手格伦·柯蒂斯却前景一片光明，甚至后来引发了一场"战争"，纷纷扰扰地纠缠了好多年。当然这是后话，此时的莱特兄弟正在努力地寻找买家。

或许是莱特兄弟的诚意感动了老天吧！后来，他们终于与美国军方及法国的一家公司签下了合约。兄弟俩喜出望外地返回基蒂霍克镇，立刻着手改进飞行者三号，加装了一个乘客座，并将驾驶鞍座改为名副其实的飞行舱，也就是飞行员由趴卧改为坐式。这架飞机后来被人们称为"莱特A式"，以区别后来莱特兄弟改造的"莱特B式"。

为什么要增加乘客座？因为买家实在不放心，生怕花了大把的银子买回的却是一堆废木材，所以他们要求莱特兄弟进行飞机测试时，搭载一名观察员。为了满足客户的要求，莱特兄弟当然得尽力改造飞行者三号啰！在利用沙包测试成功后，他们的助手查理成为第一位乘客，试飞过程相当顺利，接下来便要在客户面前大展身手了！

莱特兄弟兵分两路，威尔伯搭船到欧洲，奥维尔则留在美国，"飞"到华盛顿附近进行公开飞行展示。

威尔伯到了法国后，在1908年8月8日展开第一次公开飞行，虽只飞了一分四十五秒，但是他完成了一次完美的转弯，展现出飞机的高度操控性，以及他出众的驾驶技术，让在场的人大吃一惊，其中还包含一些欧洲的飞机制造者。其实直到威尔伯前往欧洲展示飞机之前，法国报纸还轻蔑地称他为"骗子"。

接下来的几天，威尔伯进行了一连串的公开飞行，挑战飞机的极限，还做出8字形飞行，再次展现出他超众的飞行技巧，以及莱特兄弟飞机的绝佳操控性。这已经远远超出当时其他的飞行先驱了！在法国，莱特兄弟一夕之间暴红，成为家喻户晓的名人。

后来许多质疑莱特兄弟的人都出面道歉，一家法国杂志的编辑写道："这次飞行已经完全粉碎了所有疑虑，先前批评的人没有再敢质疑的……莱特兄弟是最早真正可以飞行的人……"另一家杂志写道："长久以来，欧洲各界称莱特兄弟为骗子……直到今日，他们在法国是如此神圣，我觉得非常高兴……并向他们赔罪。"

欧洲的其他媒体也纷纷认错，为之前批评莱特兄弟的报道懊悔不已！

1908年10月7日，威尔伯驾驶莱特A式飞机，搭载了世界上第一位女性乘客。她是莱特兄弟在欧洲生意的经纪人的老婆。由于当时妇女流行穿着长裙，所以她坐上飞机后，必须用细绳把长裙绑起来，以免失礼。除了她之外，后来陆续有许多人接受邀请，搭乘飞机享受遨游天际的乐趣。

在法国的公开展示可以说是非常成功，那么在美国的飞行展示又如何呢？

奥维尔当然不甘落后，他在美国华盛顿进行的公开展示也相当成功。自1908年9月3日起，奥维尔便在弗吉尼亚州为美军进行飞行测试，在9月9日更创下飞行五十八分的纪录。

但是，八天后，却发生了一场意外。

这一天，天气很好，风况也佳。奥维尔搭载军方观察员塞弗里奇中尉升空，并教授他飞行技巧。刚开始飞行很顺利，飞机在无垠的蓝天中迎风展翅，优雅而愉悦地滑过众人头顶。突然，奥维尔感受到不寻常的震动，接着发现后方的螺旋桨出现问题，奥维尔立即关掉引擎，停止螺旋桨的转动，并试图降落，但是，飞机开始摇晃，紧接着便

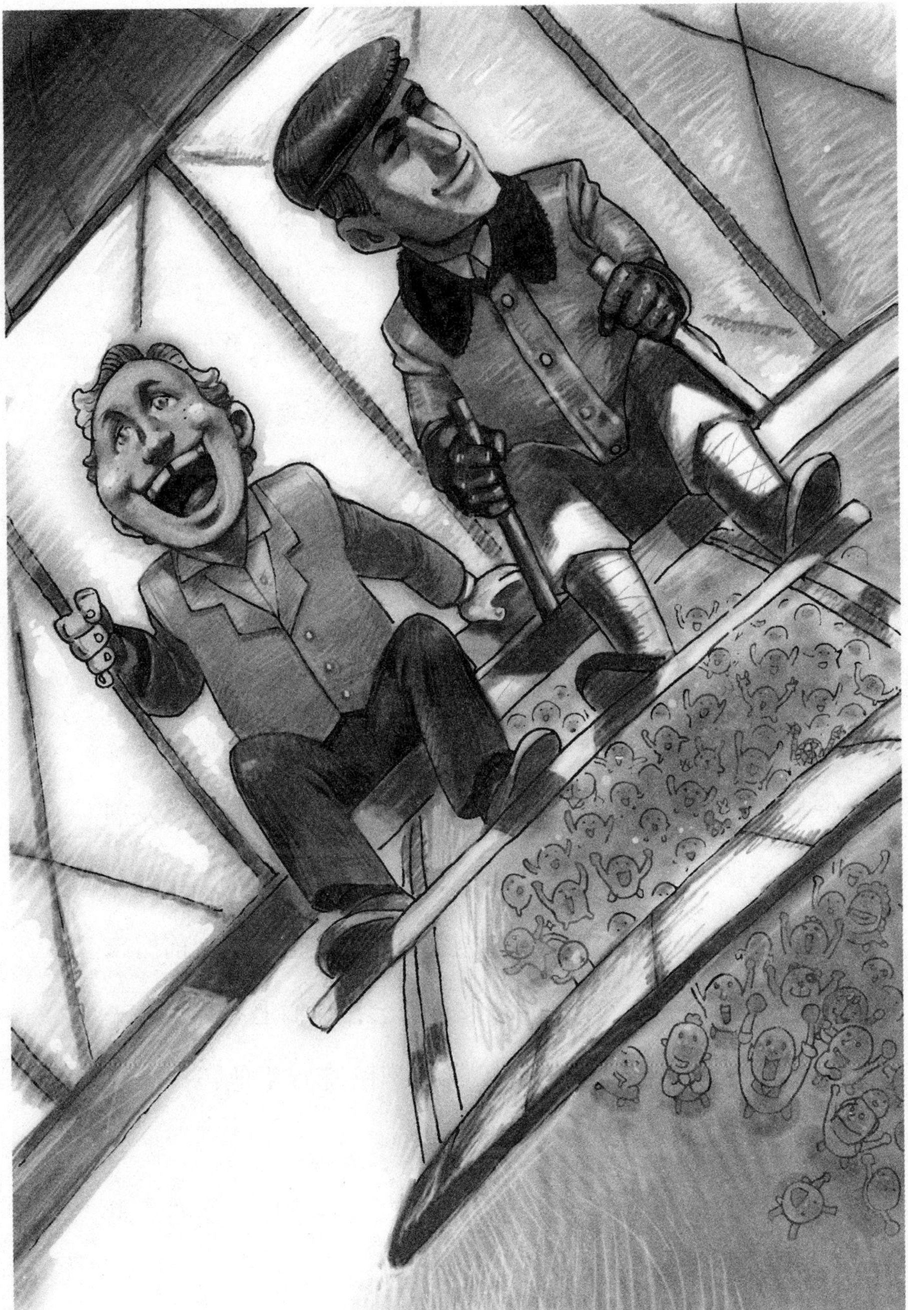

失去控制，整架飞机俯冲坠地。

奥维尔摔断了四根肋骨和他的左腿，但塞弗里奇中尉却不幸殉职。这可算是世界上的第一场空难！空难调查的结果是，飞机后方的一具螺旋桨坏掉了，因此产生了震动和摇晃，这震动使螺旋桨转轴松弛，造成螺旋桨叶片割断方向舵的钢缆，松脱的缆绳尾端缠住了螺旋桨叶片，并把螺旋桨完全扯开，飞机因此失去控制。

奥维尔虽然幸运生还，但是也受到重伤，必须住院治疗。得知这个坏消息之后，他们的妹妹凯瑟琳专程从代顿赶到华盛顿，照顾受伤的奥维尔好几个星期。在照顾哥哥之余，她还帮忙处理与美国军方的合约，约定等奥维尔复原后，隔年进行测试。自此，凯瑟琳也成为莱特兄弟发展飞机事业的得力助手。

对莱特兄弟来说，这次的空难事件让他们遭受前所未有的挫折，但是这小小的失败，怎会让他们退却呢？有一个朋友知道奥维尔受伤了，特地到医院看望他，担心地问："你有没有落下什么后遗症？"

奥维尔听得有点迷糊，问朋友："后遗症？你的意思是……我此后会不会怕飞行？"他微笑摇摇头，接着说，"我唯一担心的是我没办法很快好起来，无法按时进行明年的飞行测试。"

奥维尔受伤的消息，过了一阵子才传到威尔伯那里。在欧洲推销自制飞机的他非常紧张，原本打算立即返回美国，但知道奥维尔伤势稳定，并且有凯瑟琳细心照顾后，他静下心来仔细思考："这次失败使大众对我们飞机的安全性产生了很大的怀疑，现在我更应该留在欧洲继续我的公开飞行活动，用事实证明我们的飞机不仅操控性佳，也很安全！"

威尔伯下定决心后，就更努力地展示他的飞行技术与飞机的性能，在当地争取到更多的订单。

次年，奥维尔伤势好转后，便由凯瑟琳陪伴，前往法国与威尔伯碰面。这时三人已成为风云人物了！他们每到一处，大众争相目睹，只要有公开飞行展示，现场一定挤满各阶层、各国籍的参观者，就连英国、西班牙和意大利的国王都专程来看威尔伯的飞行表演。

除了飞行表演，在法国还有很多政府官员、军官受到

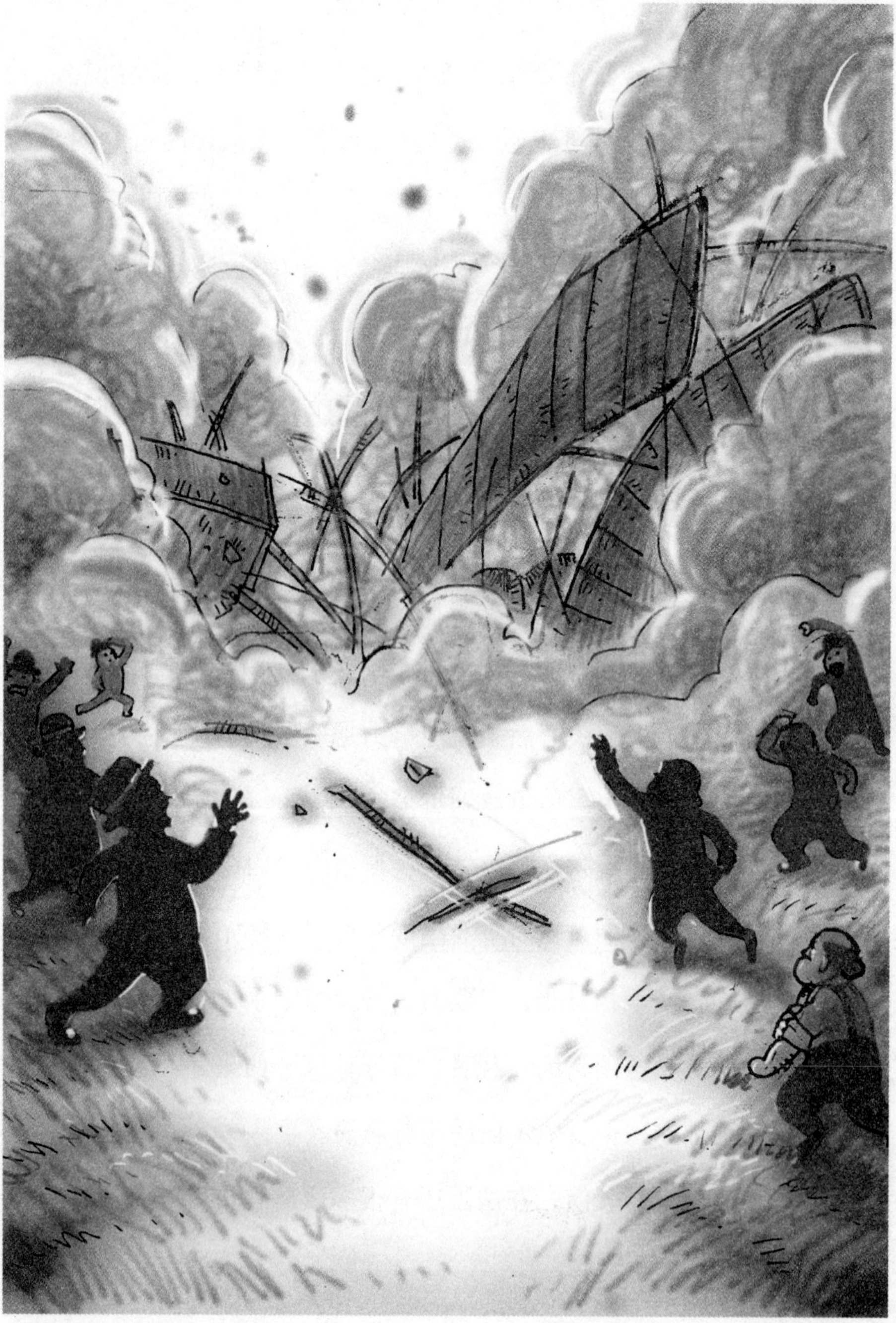

邀请，与威尔伯一同遨游天际，众多乘客中最特别的人就是凯瑟琳。

1909年4月，他们转到意大利推销他们的飞机，后来如愿签下合约，便开始在意大利进行公开示范，也协助训练飞行员。

在结束欧洲飞行展示活动之后，他们三人回到了美国，不久便受邀到白宫，并获赠勋章。同年，他们创立莱特飞机公司。奥维尔痊愈后，在威尔伯的帮助下，完成了美军对飞行的测试，从此开启了军用航空之门。看起来一切似乎都如此顺利……

其实不然，他们的生意并不好！为此在1910年春天，他们雇用并训练一个团队，目的是四处去展示飞机和参加比赛为公司争取名次以获得奖金，虽然莱特兄弟很瞧不起这种方式，称之为"江湖医生的生意"，但是迫于现实只能无奈地这样做。后来，有两位飞行员相继坠机而丧命，因此在1911年11月他们决定解散这个团队。

接着莱特兄弟在代顿成立了制造飞机的工厂及飞行学校。1910到1916年间，莱特飞机公司的飞行学校训练了一百一十五位飞行员，其中有许多人后来变得很有名，包括第二次世界大战时，美国空军的五星上将亨利·阿诺德。

大多数人都知道莱特兄弟是飞机的发明人，但是并不知道他们是糟糕的商人。尤其在签下几份合约之后，他们变得非常害怕失去对这项发明的财务控制权，使得他们不仅拒绝竞争者的好奇眼光，同时也阻挡了潜在的顾客，以及所有可能传播消息的人士，最后更深陷于专利战争的漩涡而遭受身心的折磨。

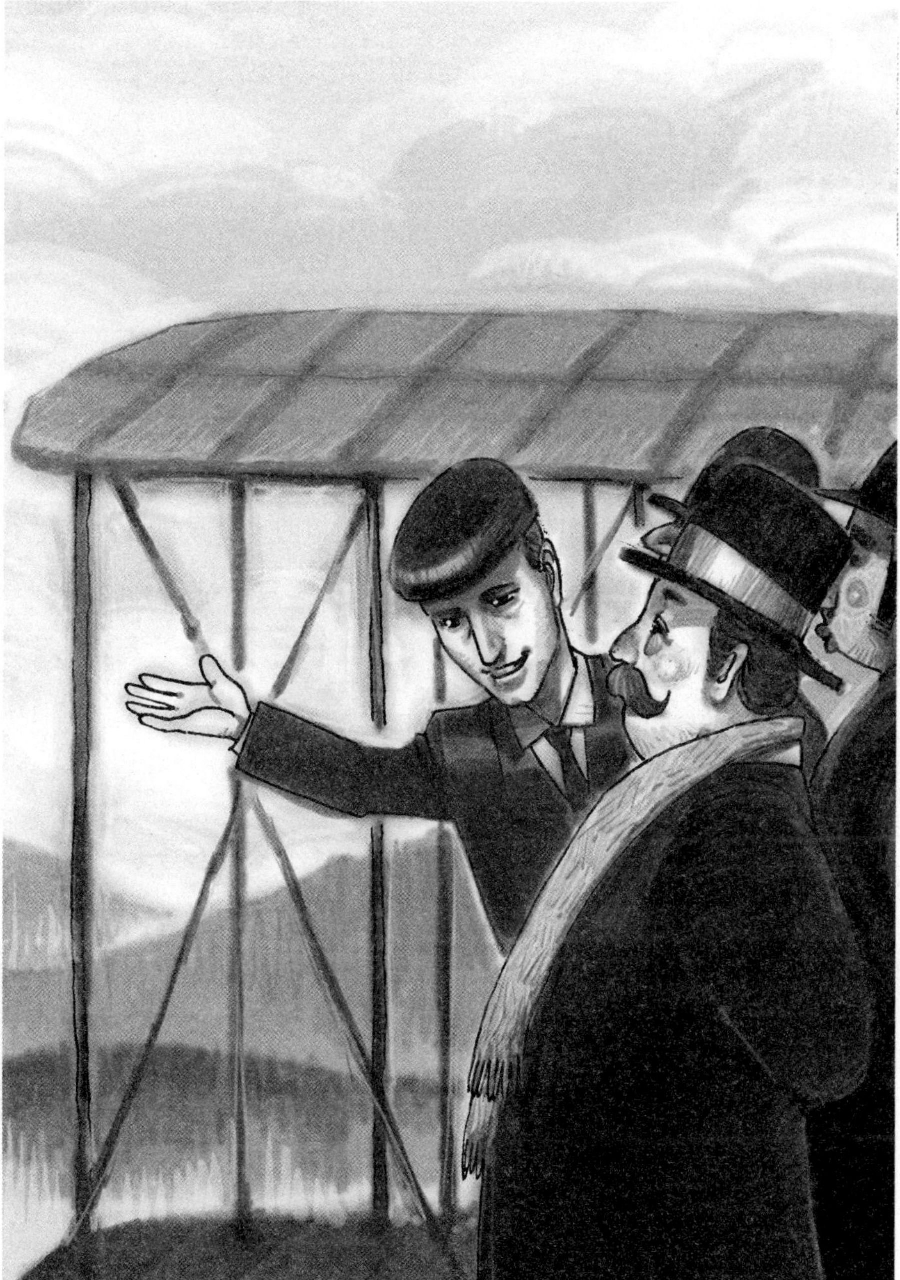

12. 专利战争

其实早在1903年莱特兄弟的动力飞机进行测试之前，他们就向美国专利局提出了"飞机"专利的申请。但是如果看过他们的申请文件就知道，他们申请的飞机专利并未包括动力装置和螺旋桨，所谓的"飞机"只不过是1902年的那架滑翔机。

那份申请专利的文件内容如下：

一、飞机包括机翼、前方的水平升降舵和后方的垂直方向舵；飞机是用质量轻而坚固的木材制成；机翼上包覆着布之类的高强度的纤维织物。

二、机翼是上下平行的复翼，可通过使机翼扭转而促使飞机倾斜，进而转向。

三、方向舵是由支架与上下翼连接，可左右转动，进而改变飞机重心后方的侧向受风面积，使飞机改变左右方向并加强平衡；方向舵还可略微向上升起，这样就可以防止飞机降落时，方向舵与地面摩擦、碰撞而损坏。

四、升降舵安装于机翼向前延伸的支撑杆上，通常升降舵处于水平状态，可通过改变升降舵的上下角度，产生不同的升力，使飞机向上或向下飞行，并能防止飞机着地时颠簸或倾翻。

五、飞机机翼的扭转与方向舵的操作系统是由绷紧的钢索和一组与机翼相连接的滑轮所组成，钢索两端分别牢固地系于机翼与鞍座，飞行员借由移动身体进行操控；而升降舵的操纵系统也是钢索与滑轮组成，飞行员利用手的前后移动来操控升降舵。

虽然用现在的眼光来看，这个专利显得有点稚拙，但是却展示了飞机的三轴控制观念，这也是这个专利的重点——一种新的控制飞机的方式。这三轴控制的观念一直沿用至今呢！

经过三年漫长的审查,到了 1906 年,他们终于获得了编号 821393 号专利,但他们仍然认为无法得到保障,这点顾虑后来果然应验了。

还记得我们前头提过格伦·柯蒂斯这个名字吗?柯蒂斯 1878 年出生于纽约,仅受过八年的正规教育,从小就对机械、发明非常有兴趣。

1898 年在他结婚之后,他开始以自行车竞赛选手为业,并开设自行车店。后来,在内燃机[1]发展日趋成熟的时候,他开始研发动力机车。他曾制造出一部拥有一汽缸内燃机的动力自行车,那个内燃机当然也是他亲手设计制作的。后来,他研发出动力机车,在 1903 年创下时速一百零三公里的世界纪录,1907 年更设计出 V 型八汽缸引擎的机车,创下时速二百一十九公里的历史新纪录。他的机车除了速度快之外,还有一项特色让人印象深刻,那就是没有刹车系统。你听来或许会觉得荒谬,但是他已是

---

[1] 内燃机(Internal combustion engine):将燃料输入,在机器内部燃烧,然后将产生的热能转化为动能的一种机器。今日的汽车引擎,就是一种内燃机。

当时美国 No. 1 的机车制造者呢！

1906 年时，柯蒂斯曾拜访莱特兄弟，针对航空动力及螺旋桨推进器的主题相谈甚欢，也难怪，因为这是双方共同感兴趣的话题。

后来，因为柯蒂斯能制造出美国最好的轻型马达，所以电话发明人贝尔邀请他加入他的航空实验组织，并于 1907 年制造出飞机，1908 年成功地完成第一次官方的飞行试验。日后，柯蒂斯成立了一家规模很大的公司开始制造飞机。此外，值得一提的是，柯蒂斯是美国第一位拿到飞行执照的飞行员，而莱特兄弟分别排名第四和第五呢！

同年（1908 年），莱特兄弟得知了柯蒂斯的所作所为，警告柯蒂斯不准使用扭转机翼的方式飞行，或贩卖具有这种新式操控方式的飞机，并要求柯蒂斯支付相当可观的专利许可费。但是柯蒂斯不仅拒绝了，还于 1909 年将一批拥有新式操控方式的飞机卖给了纽约航空协会。

随后，柯蒂斯在法国参加飞行竞技，同时莱特兄弟也在德国柏林推销他们的飞机。对于柯蒂斯这样的做法，莱特兄弟感到非常愤怒，因此提出侵权诉讼，就此展开了一场专利战争。

除了柯蒂斯外,莱特兄弟也起诉了一些欧洲国家的飞行员,控告他们利用新式操控方式进行飞行,侵犯了他们的专利权。于是,莱特兄弟陷入一长串的法律缠讼,威尔伯更是一肩担下所有出庭辩护的工作,随着律师四处奔走,承受莫大的精神压力与身体上的劳累。

然而,威尔伯没有等到胜利的那一天。

在美国,法院于1913年判决莱特兄弟胜诉,但是柯蒂斯不服,提出上诉。1914年1月,美国最高法院裁决莱特兄弟胜诉,但是柯蒂斯公司仍通过法律策略拒绝支付罚金。

在欧洲的缠讼,被告则以拖延战术,打算将官司拖到1917年,到那时莱特兄弟的专利便到期失效了。而德国法院则是判决莱特兄弟败诉,因为法院认定早在1901年威尔伯就已经公开演讲了有关飞机的操控技术,而他们的忘年之交查纽特也曾在1903年公开演讲过,所以这些技术并不算什么"新闻"。

为了捍卫他们的专利权,莱特兄弟完全忽视了新式飞机的研发，到了1911年，大家都认为莱特兄弟的飞机性能已经远远落后其他欧洲制造者的飞机。甚至在1917年，美国加入第一次世界大战时，因为没有适合的美制飞机，不得不购买欧洲制造的飞机。

当时，第一次世界大战还在激烈地进行，美国政府已不得不出面干预和调停这场纷争。于是航空器制造协会成立了，并规定所有会员公司都必须为他们使用的航空专利付一笔钱，这些专利包含早期的航空专利与莱特兄弟所申请的专利。事后，莱特-马丁公司[①]及柯蒂斯公司各得两百万美金的补偿，这场纷纷扰扰的专利战争才总算落幕，可莱特兄弟不但没有从中获得应有的报酬与荣耀，还赔上了健康与他们的英雄形象。

批评他们的人说他们贪婪而且蛮横，认为他们的行为和那批不想受专利约束的欧洲发明家一样不适当；财大势大的飞机制造商除了不愿付给莱特兄弟任何专利费用，还不断污蔑他们；查纽特也曾公开批评兄弟两人，致使他们

[①] 1915年，奥维尔卖掉了莱特飞机公司，后继者将公司名改为莱特-马丁公司。

多年的友谊产生了无法弥补的裂缝；还有人说都是因为他们的眼界太小，太执着于专利，所以才会落得这样的下场，如果他们将精力灌注于飞机的研究上，或让大家分享他们的专利，或许会有更多巨大的发明，产生更深远的影响。另外，也有支持者说他们不过是为几年来的努力要求公平的补偿罢了。

当然，莱特兄弟会这样执着于保护他们的专利，是情有可原的。毕竟他们为此赌上了自己的事业与生命，是用生命在研发飞机啊！自然不愿让那些投机者平白获得利益。

每次的飞行测试，他们都详细记载不同飞行状况下的升力、阻力、速度等数据，并对操纵系统进行无数次的修改，才得以成功，背后所付出的心力，岂是旁观者能够理解的。

不过也的确是因为专注在专利权上，所以他们在19世纪初，唯一做过的研发是把升降舵移到飞机后方，并在飞机上加上轮子，使飞机在高速之下更容易控制，这一种新式飞机被称为莱特B式飞机。如果他们能投入更多精力在研究上，或是他们开放专利权的使用，或许能获得更高的成就或名声吧。

当然，山不转水转，莱特兄弟不准其他飞机工程师采用机翼扭转的操控法，于是有工程师另外想出了一个办法，他们在机翼上加装"副翼"，可上下转动，以取代扭转机翼，这项发明一直沿用到今天。

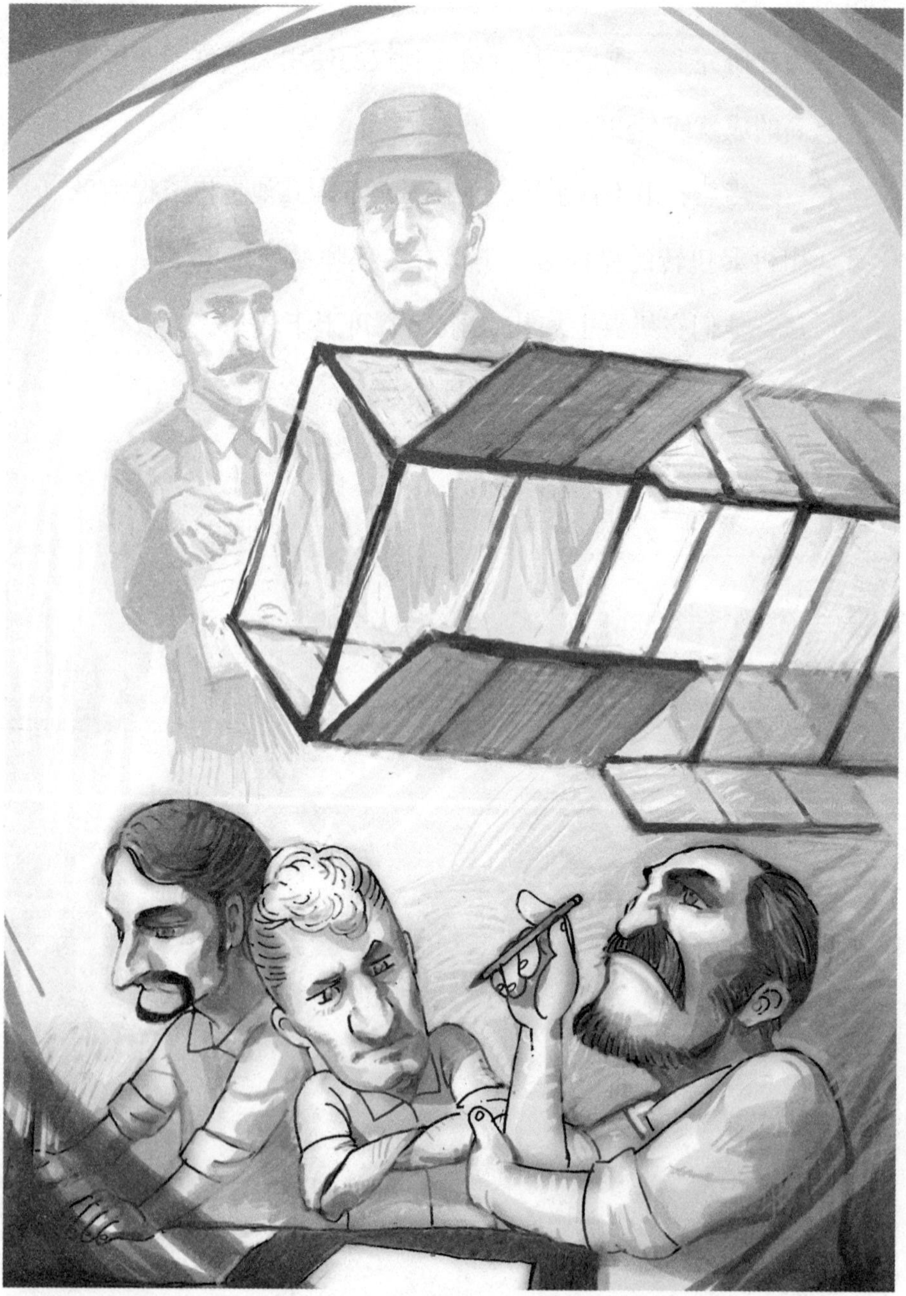

13. 与父亲的约定

看到这里，你还记得兄弟俩决定追随李林塔尔时心里的悸动吗？当时是1896年的某一天，在代顿的莱特家，桌上的饭菜香气四溢，灯下的一家人团团围坐，准备吃晚饭。

突然威尔伯打破了宁静，开口说道："父亲，从小您从不要求我们做自己不想做的事，也不会要我们依照您的意思去做决定。您总是信任我们，并全力支持我们的任何决定。"威尔伯一口气说出了父亲从小对他们的教养态度，"因为您的爱，我们才能自由自在快乐地成长，并养成独立思考的能力。"

弥尔顿微笑着点点头："很高兴，你们能了解我这个做父亲的用心。"

"父亲，谢谢您！您知道我和奥维尔自小就对机械非常着迷，对飞行更是热衷。当我们在报上读到李林塔尔过世的消息时，都非常震惊。您知道李林塔尔对飞行的贡献，如果他的研究就此中断，那人类飞行的梦是否就此幻灭呢？所以我和奥维尔想……"威尔伯突然变得吞吞吐吐，"我们想……"威尔伯停下来看了奥维尔一眼，奥维尔对他点点头，表示支持。

弥尔顿皱了皱眉，他担心的事或许就要发生了！

看到父亲的表情，威尔伯艰难地吞了口口水，接着说："我们已经仔细考虑过了，我们想一边经营自行车生意，一边研究、发明飞机。不知道您觉得如何？"

终于，弥尔顿吐了口气，沉思了一会儿，还没开口，奥维尔就忍受不了此刻的沉寂，故作轻松地开口说："父亲，您知道我和哥哥都很想飞，而且有那么多的飞行前辈已经打下了基础，所以我们接着做，一定很容易就成功啦！况且就算失败也没关系啊，反正我们还可以继续经营自行车店，要养活自己不难！"

弥尔顿似乎被奥维尔的话逗笑了："哈哈，我相信要养活自己一点儿都不难。"接着他脸色一沉，"但是，我担心你们的安全。"

弥尔顿虽然没有直接阻止,但是莱特兄弟知道父亲的忧虑后,也沉默了。他们不是不知道飞行的危险性,尤其在实验阶段,随时都有可能因为设计不当,或因外在不可抗力的因素而丧命,就像李林塔尔一样。但是,心中沸腾的热血让他们对飞行越来越着迷,而毫不在乎飞行可能带来的危险。

这顿晚餐就这样安静地结束了,三人各怀心事地离开餐厅,留下的只有窗外淅淅沥沥的雨。

弥尔顿回到房里,想到刚才威尔伯和奥维尔说话时眼中闪烁的光芒,唉!他怎么忍心阻止兄弟俩朝着自己的梦想前进呢?

弥尔顿慢慢走到窗边,看着兄弟俩亲手打造的阳台,想起当初为了生病的母亲,兄弟俩如何费尽心力。那时,他们的母亲就时常躺在那儿晒晒太阳,温暖温暖身子,而两兄弟常会围着母亲说说笑笑,或坐在母亲脚边安静地阅读,时不时还温柔地弯下腰来亲吻母亲的额头,轻声说:"我爱你!"

记得他们还是粉嫩婴孩的时候,自己总爱抱着他们,像演独角戏般喃喃自语,逗弄着他们,看着他们在怀中沉沉地睡去,那熟睡的脸庞可以让人忘记所有的世间纷扰,令人进入纯真无邪的世界,连嘴角都不自觉地微微上扬。

当他们颤巍巍地学步时,他和妻子总是担心地亦步亦趋,张开双手在他们身后护着,生怕他们跌跤、受伤;只要他们成功地跨出一步、两步,他和妻子便兴奋地又叫又跳,对孩子又抱又亲;当他们开始牙牙学语,他和妻子便瞬间成为小孩子,说着在旁人听来非常幼稚的话语,即使被取笑也不在意。

当他们开始上学,像海绵一样吸收新知,成天有问不完的"为什么",他和妻子即使再累,也会耐心地一一回答,或是陪着他们一起查找答案;当他们调皮捣蛋惹得他和妻子生气时,只要他们认错,说声对不起,再笑一笑,他和妻子的怒气顿时消散无踪,一颗心便融化在孩子的笑颜里,怎么也说不出要处罚的话。当他们遇到挫折,他和妻子总是循循善诱,要他们从失败中学习;当他们怀有心事,他和妻子会静静聆听,成为他们最好的听众……往事历历，就像昨日，可才一转眼，他们兄弟俩已经长大了！

弥尔顿的目光飘向院子里那片草地，隐约看见被风吹得压低了腰的花朵。他们兄弟俩选择的路虽然充满危险，但是相信他们不是温室里不堪一击的花朵，经得起风吹雨打！

经过一夜的风雨，太阳一早就露了脸，洒下温暖的光芒，照耀着院子里神采奕奕的花草。

弥尔顿拉开窗帘，迎接满屋子的光明。"美好的一天开始了！"弥尔顿对自己说。

走到餐厅，弥尔顿见到威尔伯和奥维尔早已在餐桌旁就座，静默地喝着咖啡，桌上的早餐连动也没动。看他们一脸的疲惫，想必一夜未眠。

"早啊！"弥尔顿神清气爽地向两兄弟打招呼。

"父亲，早安。"兄弟俩有气无力地向弥尔顿道早。

弥尔顿看了兄弟俩一眼。"我有一个好消息和一个坏消息，你们要先听哪一个？"他故作轻松地说，也不等兄弟俩回答，他又接着讲，"好消息就是我不反对你们的飞机实验，坏消息是我不同意你们同时进行飞行测试。"

听完父亲的话，两兄弟黯淡的神情突然有了光芒，奥维尔忍不住飞奔过来抱着父亲猛然一亲："谢谢您，父亲！"

威尔伯也开心地站起来，对父亲说："父亲，谢谢您！我们答应您不会同时进行飞行测试。我们会努力朝梦想前进，以答谢您对我们的支持。"三人同时都笑开了！

莱特兄弟的梦想就这样起飞了……

接下来发生的事情，前文已述，直到1910年5月25日的霍夫曼大草原，这一天发生了一件特别值得纪念的事。

这一天，莱特兄弟一如往昔穿戴整齐，准备进行飞行。但是，今天他们显得特别兴奋，摩拳擦掌地将飞机推出仓库，安置在跑道上。

凯瑟琳看着两个哥哥像小孩子一样，不禁笑了出来："我看你们今天就像三岁的小孩，你们还会飞吗？"

威尔伯稍稍敛起太过激动的情绪说："当然！我们会飞得很好！"

奥维尔根本不管凯瑟琳的取笑："就算闭起眼睛我都能飞，这架飞机可是我们细心呵护的宝贝，它很听话的！"

他的话语中充满自信与骄傲。

看着儿女嘻嘻笑笑，弥尔顿欣慰地点点头，此刻的他是天下最幸福的父亲。

准备妥当后，弥尔顿与凯瑟琳退到一旁，奥维尔向父亲点头示意，然后爬上飞机，端坐在驾驶座，那专注的神情，和他先前顽皮的神情相比，判若两人。接着威尔伯也微笑着对父亲挥挥手，走向飞机，坐上乘客座。

怎么回事，莱特兄弟不是答应过父亲不能同时飞行的吗？原来，这次是父亲特别同意的！

看，飞机顺着跑道加速，风从耳旁呼啸而过，两旁景物快速地向后退去。接着机头朝上扬了起来，飞机迎风起飞了！这是莱特兄弟第一次也是唯一一次同时飞向青天，飞向梦想。

威尔伯转向奥维尔，拍拍他的肩膀，想要开口说些什么，千言万语却哽在喉咙里吐不出来，奥维尔的身影在感动的泪水中模糊了。他抬起头，看着无垠的天空湛蓝得那样不真实，一切完美得仿佛在梦中，长期以来的压力也在此刻烟消云散。

奥维尔难得感性地说:"威尔伯,谢谢你!要不是有你,我们也没有今天。"为了不让盈眶的热泪流下,他赶紧转移注意力,大喊:"哇!我们办到了!嘿!我们来了!"他低空滑过弥尔顿与凯瑟琳的头顶,掠过的风吹乱了凯瑟琳的头发,气得她对着奥维尔大叫。奥维尔看到凯瑟琳气呼呼的模样,哈哈大笑,眼里笑出了泪。这泪不知因为笑还是感动……

六分钟后,飞机顺利落地了。要下飞机时,威尔伯的双脚竟然微微颤抖起来,一时站不起来。他深呼一口气,离开乘客座,跑向父亲,给他一个大拥抱!凯瑟琳也欢欣地亲吻了哥哥。

弥尔顿拨了拨被吹乱的头发,对威尔伯说:"我真以你们为荣!接下来就看我的了!"他意气风发地走向奥维尔。

奥维尔没有跟着下飞机,反而留在驾驶座上,因为他还有一个重要的任务。看着父亲缓步走过来,他的心跳不断加速,这一刻他已经等了好久!

"亲爱的父亲,请上座。"奥维尔伸出右手,帮助父亲

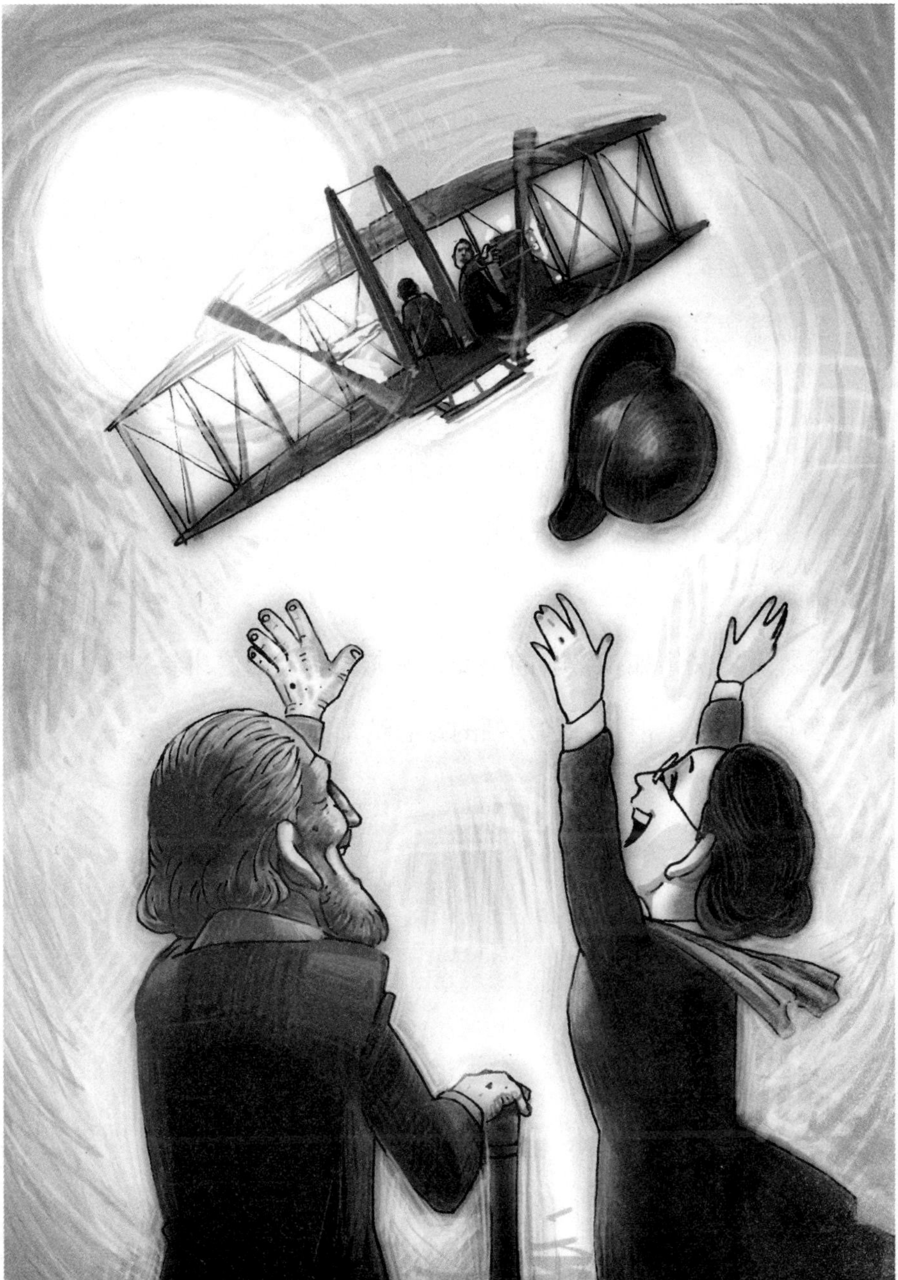

登上飞机。

"谢谢你,"弥尔顿拉着奥维尔硕大的手,安心地坐上乘客座,"请带我一游你们的梦想。"

"遵命!"还有什么比带着父亲遨游天际、分享他们的成就更让人感到满足呢?奥维尔搭载着父亲飞向幸福的国度。

伴随着引擎的轰隆声,飞机越飞越高。已八十二岁高龄的弥尔顿不仅不害怕,还直呼:"高点,奥维尔,飞高点!"

看着父亲如孩童般的笑颜,威尔伯揽着凯瑟琳笑得嘴都有点酸了。但是,弥尔顿的好心情却没有延续多久……

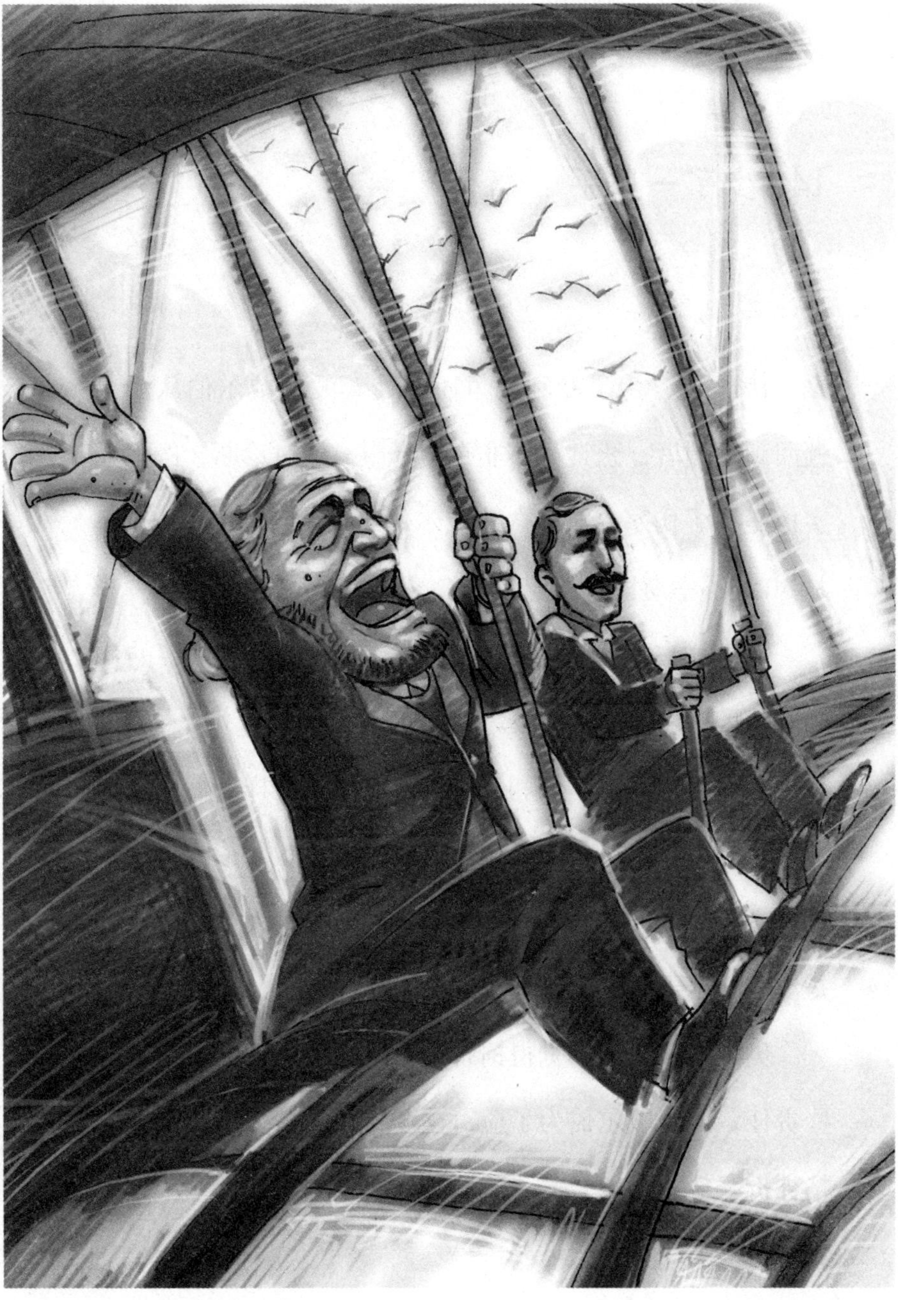

14. 少了一只手

1912年,为了专利战争而四处奔波的威尔伯从波士顿回到代顿后,感觉身体非常不舒服,经过诊断,医生证实他是得了伤寒。没多久,威尔伯的病情急转直下,于5月30日不幸逝世。

弥尔顿白发人送黑发人的痛,奥维尔失去手足的伤心,几乎打垮了这个家庭。

一直以来,威尔伯和奥维尔就像双手一样,彼此相辅相成,协力完成所有的工作。如今失去了威尔伯,奥维尔也失去了研发飞机的动力,何况专利战争还没结束,他更是没有心思再做什么改进了。

奥维尔和凯瑟琳觉得柯蒂斯必须为威尔伯的死负上一些责任,因为威尔伯为了应对这场纠纷,遭受了非常大的精神折磨。

1915年，奥维尔卖掉了莱特飞机公司，与父亲、妹妹一起搬到基蒂霍克镇，远离了世人的视线。

1917年，弥尔顿在睡梦中安详地去世，凯瑟琳于1926年结婚。面对孤单的晚年生活，奥维尔几乎失去了和世间的所有联系。

或许是为了怀念威尔伯，一家人才搬到基蒂霍克镇那个鸟不生蛋的地方。不过基蒂霍克镇却因莱特兄弟的缘故，渐渐繁荣起来，再也不是荒芜之地了。

另外，还值得一提的是，在奥维尔仍在世时，发生了第二次世界大战中飞机载着原子弹轰炸广岛、长崎的事件，造成了重大的伤亡。奥维尔的心情我们无法揣测，但想来他一定非常难过，他和哥哥用生命研发的飞机，竟成为残害生命的帮凶！但是没有人会怪罪于他们，世人只会永远铭记他们对人类飞行梦想的贡献，这份荣耀应当属于两兄弟，这一点毫无异议。

15. 结语

现在的飞行员在上飞机之前，必须先接受空气动力学、气象学、飞机结构力学、基本的机械原理、引擎的运作原理、航空法规、人类生理学等专业训练，之后经过测验，并累积足够的飞行时数，才能成为独当一面的正驾驶。坐在有电脑导航系统的驾驶座中，让飞机安全飞行尚且不容易，何况莱特兄弟是在没有受过任何专业训练的情况下，凭借自学以及不断地实验，才把飞机开上天的。人类的历史经由莱特兄弟之手，自此呈现另一番面貌。

莱特兄弟小档案

1867年　4月16日,威尔伯·莱特出生于美国印第安纳州。

1871年　8月19日,奥维尔·莱特诞生于美国俄亥俄州。

1878年　收到父亲送的飞行玩具,点燃了他们对飞行的兴趣火花。

1889年　发行《西部新闻周报》,开始报社事业。母亲过世。

1892年　自行创业开设自行车公司。

1896年　8月,李林塔尔在一次飞行试验中坠机身亡。

1899年　开始他们的飞行研究生涯。制作一架类似风筝的双翼飞行器,利用扭转机翼的方式,改变飞行方向。

1900年　制作第一架大型的滑翔机，在机翼前方设计了升降舵，增加滑翔机纵轴上的控制能力。

1901年　建造第二架大型的滑翔机，并增加了机翼的面积，但是测试并没有成功。回到代顿后，莱特兄弟开始进行风洞实验，取得了大量的可靠数据资料。

1902年　建造了第三架滑翔机，并在机尾加装垂直方向舵，以增加滑翔机重心后半部的侧向受风面积，并进行了上千次的试飞。

1903年　申请飞机专利。建造飞行者一号。12月14日进行第一次试飞，没有成功。12月17日，由奥维尔驾驶，成功创下史上第一次具有动力装置的飞机的飞行纪录。

1904年　制造飞行者二号。

1905年　飞行者三号彻底重建后，创下连续飞行三十八分钟，航程达三十九公里的新纪录。其后在美国及欧洲各国进行飞机展售。

1906年　取得美国飞机专利。

1909年　经营"莱特飞机公司"，测试飞机，训练飞行员，参加飞行展示。

1910年　莱特兄弟同机飞行。稍后，奥维尔搭载父亲遨游天际。

1912年　威尔伯死于伤寒。

1915年　奥维尔卖掉莱特飞机公司，与父亲、妹妹搬到基蒂霍克镇定居。

1917年　父亲过世。

1948年　奥维尔逝世。